AF449761

ECONOMIA SOLIDÁRIA EM PORTUGAL:
inspirações cartográficas

Este livro também possui versão eletrônica disponível no site da ComPassos Coletivos, em http://www.compassoscoletivos.com.br.

Entretanto, é importante ressaltar que, mesmo editado sob uma licença que busca maximizar o acesso livre, ele não é gratuito!

Vários custos compõem a produção desta obra, tais como direitos de autor, custos de produção, elaboração, diagramação, revisão, impressão, distribuição, comercialização, etc.

Portanto, se desejar contribuir para que possamos continuar editando outras obras e edições, sinta-se à vontade para adquirir nossos livros impressos e para efetuar qualquer contribuição por meio do nosso site.

ECONOMIA SOLIDÁRIA EM PORTUGAL:
inspirações cartográficas

IGOR VINICIUS LIMA VALENTIM

2013

ComPassos Coletivos

www.compassoscoletivos.com.br
email: editora@compassoscoletivos.com.br
Rio de Janeiro | Brasil

Conselho Editorial

V155e   Valentim, Igor Vinicius Lima
       Economia solidária em Portugal: inspirações cartográficas/ Igor Vinicius Lima Valentim. - Rio de Janeiro: ComPassos Coletivos, 2013.

       176 p. ; 23 cm.

     Prefácio de José Maria Carvalho Ferreira.
     Inclui referências e índice.
     Inclui imagens.

     ISBN 978-85-66398-01-4

       1. Economia Solidária. 2. Administração. 3. Ciências Sociais 4. Cooperativismo. 5. Associativismo. 6. Administração Pública. 7. Políticas Públicas I. Título.

                                       CDU 334(469)

Catalogação na publicação (CIP)

Composição (Korinna BT, Calligraffiti, DejaVuSans)
Primeira edição: Novembro de 2013

SUMÁRIO

Prefácio 11

Introdução 21

Construção vivencial da pesquisa: desassossegos 21

Mudança para Porto Alegre e contatos com a Economia Solidária 24

Aspectos metodológicos 27

1. Cartografias Contemporâneas 35

A Centralidade do Trabalho-Emprego 42

Trabalho, Valores e Subjetividade 47

2. Origens e histórico da Economia Solidária 57

Quem faz parte da Economia Solidária? 61

Economia Solidária: perspectivas conceituais portuguesas 68

3. Economia Solidária em Portugal 71

Chegada ao aeroporto de Ponta Delgada e loja da Cresaçor 77

Centro de Estudos Sociais da Universidade dos Açores 79

Centro de Empreendedorismo da Universidade dos Açores 81

II Congresso de Economia Solidária dos Açores 82

Instituto de Acção Social 87

Resumo sobre IPSS e conversa com Carlos Bastos 90

Reflexões provisórias 93

4. A cooperativa Megasil 95

Os caminhos e a chegada à Megasil 95

A cooperativa Megasil: um breve histórico 101

A cooperativa Megasil em 2009 111

Megasil em 2010 128

Considerações 139

Gestão e Economia Solidária 140

Economia Solidária de quem e para quem? 148

Fim e Início 152

Referências   155

Índice Remissivo   165

PREFÁCIO

José Maria Carvalho Ferreira[1]

As controvérsias epistemológicas e metodológicas acerca da Economia Solidária têm sido objeto de querelas e conflitos, na maior parte das vezes, espúrios. A institucionalização e legitimação do conceito Economia Solidária atravessam três grandes tipos de dificuldade. Desde logo, em primeiro lugar, a identidade e especificidade do conceito Economia Solidária são confrontadas, variadíssimas vezes, com os conceitos de Terceiro Setor e de Economia Social. Em segundo lugar, importa sobremaneira perceber qual o grau de desenvolvimento atingido peas estruturas curriculares das disciplinas que integram a Economia Solidária no ensino secundário e universitário. Em terceiro lugar, é fundamental conhecer a plasticidade social das experiências concretas que subsistem a nível mundial e reivindicam o estatuto de Economia Solidária.

A pertinência e a atualidade da temática de Economia Solidária são muito bem elaboradas por Igor Valentim. Assim sendo, logo no início, o autor formula interrogações sobre o caráter alienante do ensino da graduação e da pós-graduação nas escolas de administração das universidades públicas e privadas, destacando a instrumentalização e objetivos desse ensino no sentido do lucro e da exploração do homem pelo homem. Por outro lado, persiste um alheamento na experimentação de vivências práticas que emergem fora dos muros das universidades. Para Igor Valentim, existem exemplos significativos dessas experiências e vivências no Brasil e em Portugal.

A Economia Solidária na sua distintividade epistemológica e metodológica, segundo o autor, pode ser visualizada a partir de três pressupostos básicos: autogestão, igualdade e solidariedade.

Não obstante o caráter histórico dos conceitos de igualdade e solidariedade radicarem na revolução francesa de 1789, a sua experimentação social emerge fundamentalmente a partir de meados do século XIX na Europa Ocidental e,

---

1 Investigador/Professor do SOCIUS/ISEG-UTL.

mais tarde, nos EUA e outros países capitalistas mais desenvolvidos. Na maioria dos casos, essas experiências sociais foram pensadas e vividas em termos da transformação radical das sociedades globais.

Os exemplos da Comuna de Paris de 1971, da revolução russa de 1905 e de 1917, da revolução em Espanha de 1936-39, do Maio de 1968, equacionam e configuram muito bem o conteúdo das mudanças económicas, sociais, políticas e culturais que emergiram nesses contextos.

Claro que as manifestações de igualdade e de solidariedade também estiveram presentes nas realidades microssociais. As cooperativas, associações de socorro mútuo, caixas económicas e mutualidades foram, em muitos casos, demonstrações inequívocas dessa solidariedade e igualdade.

No que concerne à autogestão, a sua observância e representatividade histórica enquadram-se no século XX, sobretudo nas experiências realizadas pelos sovietes na revolução russa de 1905 e de 1917 e na revolução espanhola de 1936-39. A autogestão, no sentido amplo do termo, revelou-se uma modalidade de ação individual e coletiva autónoma e livre vivida pelos operários e camponeses, prescindindo de qualquer poder hierárquico acima dessa liberdade e autonomia. O processo de tomada de decisão e o processo de liderança e, logicamente, a execução de tarefas e funções eram remetidos a uma esfera de ação baseada na rotatividade, espontaneidade e informalidade.

Hoje, quando escrevemos ou falamos sobre autogestão, igualdade e solidariedade, somos constrangidos a clarificar a especificidade e o valor heurístico do conceito de Economia Solidária. Neste aspecto, Igor Valentim problematiza o conceito de autogestão fazendo o contraponto com o conceito de heterogestão. Para o autor deste livro, heterogestão significa um tipo de vivência e prática da actividade económica assente nas leis de regulação do mercado e do Estado, primando pela concorrência, competição e luta pelo lucro. É um tipo de gestão normativa das empresas capitalistas, sendo que é no topo da pirâmide organizacional da autoridade hierárquica que as decisões e a liderança são desenvolvidas. No fundo, estamos em presença de um modelo de relações sociais pautado pela lei do mais forte no exercício hierárquico do poder sobre a informação, a energia e o conhecimento que enforma o funcionamento de qualquer empresa capitalista.

Na perspectiva de Igor Valentim, a autogestão é a negação da heterogestão, na medida em que a socialização do poder, no âmbito das relações interpessoais, intragrupais, intergrupais e intraorganizacionais, é atravessada pela democracia direta. A horizontalidade das relações sociais obedece a uma lógica espontânea e informal. Dessa forma o processo de produção de mercadorias desenvolve-se no sentido da produção de sociabilidades afetivas, igualitárias e solidárias. A democracia direta torna-se o fator estruturante da autogestão. Por outro lado, induz à emergência da igualdade e da solidariedade.

Nas leituras realizadas e nos estudos de casos vivenciados por Igor Valentim foi possível construir um modelo de análise denominado Economia Solidária. Todavia, na minha opinião, existe um problema que é fundamental clarificar. Importa perceber até que ponto existem antinomias ou semelhanças entre os conceitos de democracia representativa, democracia participativa e democracia direta.

Se escrevemos ou falamos nos conceitos de autogestão, igualdade e solidariedade no sentido profundo dos termos, se considerarmos a Economia Solidária baseada na democracia representativa ou na democracia participativa, os pressupostos da divisão social do trabalho e da autoridade hierárquica formal inviabilizam o aparecimento da igualdade, da solidariedade e da autogestão. As relações sociais estruturam-se de cima para baixo. Com esta opinião reafirmo o que escrevi acima. A democracia direta revela-se como a única hipótese para que a Economia Solidária emirja nas sociedades contemporâneas como um processo de produção de socialização e de sociabilidades conducente ao desenvolvimento da solidariedade, da igualdade e da autogestão.

Igor Valentim é um autor profundamente ligado à atividade de investigação. A sua sensibilidade não dissocia o sujeito observador do sujeito observado. Realizar pesquisas seguindo o método da cartografia, formulado por Gilles Deleuze e Félix Guattari, implica vivenciar e acompanhar processos, eliminando as metodologias que se limitam a representar objetos. Como afirma o autor deste livro, a determinado momento, as cartografias retratam o cotidiano com base nas vivências dos sujeitos. O sujeito pesquisador e o sujeito observado são afetados e afetam-se mutuamente pela sua razão, intuição e sensibilidade.

As cartografias revelam-se uma metodologia existencial muito apropriada para interpretar, explicar e compreender a natureza da Economia Solidária. O pesquisador é constrangido a sentir, agir e pensar em função exclusiva do que pode ver e experimentar no mundo real. Este mundo real, no entanto, necessita de ser codificado e descodificado no espaço-tempo das experiências dos sujeitos.

Uma das vertentes importantes deste livro reporta-se à contextualização da Economia Solidária no seio da crise das sociedades contemporâneas. É um tema de extrema importância económica, social, política, cultural e civilizacional. Não nos basta enunciar a crise de regulação do Estado e do mercado. Para além da miséria, da pobreza e da exclusão social, da crise ambiental que afeta o planeta Terra, os níveis das taxas de desemprego e a precariedade da vinculação contratual indiciam uma crise inaudita do capitalismo, ultrapassando em muitos aspetos a crise de 1929.

Estando de acordo, com Igor Valentim, antes de mais, estamos perante uma crise da civilização ocidental. O hiato entre a economia real e a economia virtual é grande. A defasagem entre o sistema financeiro e os sistemas económico, social, político e cultural desenvolve-se de forma profunda. O valor do trabalho e do emprego, assim como dos valores, da ética e da moral, não funciona em termos objetivos e subjetivos. Todo o ser humano é descartável como mercadoria, porque não pode ser outra coisa enquanto objeto de compra e venda.

Vários fatores estão na origem da decadência da civilização ocidental. Entre eles, destaco as TIC (Tecnologias de Informação e Comunicação). Estas são visíveis através da informática, nanotecnologia, Internet, inteligência artificial, biotecnologia, biocência, tecnociência, telemática, robótica, linguagens web, etc... Com base nos seus mecanismos complexos e automáticos integram uma quantidade infinita de informação, conhecimento e energia humana. Digamos que na sua complexidade e abstração, as TIC corporizam e dinamizam uma gigantesca produção, distribuição, troca e consumo de bens e serviços analítico-simbólicos.

Embora saibamos que muitas das atividades da economia real das sociedades contemporâneas estejam polarizadas na sua materialidade substantiva nos setores agrícola, industrial e de serviços, quando inscritas nas estruturas de produção, distribuição, troca e consumo das TIC estamos a circunscrever-nos ao domínio imaterial da economia virtual. Em qualquer dos casos, importa perceber até que ponto existe identidade e discrepância ou não entre a economia real e a economia virtual.

Uma das manifestações da crise provocada pelas TIC reside no fato dos fluxos de informação, de conhecimento e energia da economia virtual não serem devidamente codificados e descodificados, de forma atempada e adequada, pelo fator de produção trabalho.

Digamos que para codificar e descodificar as linguagens das TIC implica ter capacidades cognitivas e emocionais. Estas capacidades traduzem-se ou não na socialização do conhecimento, informação e energia que estão diretamente reportados à produção, distribuição, troca e consumo de bens e serviços analítico-simbólicos. Este poder da economia virtual induzida pela ação das TIC subverte a lógica normativa da economia real. O resultado lógico de todo este processo histórico é bastante visível na falência de muitas atividades económicas clássicas que emergiram nos séculos XIX e XX.

Se tivermos em linha de conta os efeitos estruturantes das TIC no contexto da atual crise, não podemos cingir-nos exclusivamente aos efeitos negativos da economia virtual sobre a economia real. De fato, para trabalhar com as TIC é fundamental possuir capacidades cognitivas e emocionais. Possuindo essas capacidades, todo e qualquer fator de produção trabalho deve, de forma atempada e adequada, descodificar e codificar as linguagens analítico-simbólicas que perpassam o processo de trabalho.

Como processo global da organização do trabalho devemos referir a divisão social do trabalho, os níveis de autoridade hierárquica formal, o processo de tomada de decisão e o processo de liderança.

A divisão social do trabalho especializa e delimita a ação dos órgãos sensoriais do fator de produção trabalho, não lhe permitindo uma ação cognitiva e emocional no sentido de uma interação circunscrita a um estímulo-resposta livre e autónomo.

Autoridade hierárquica formal estrutura a socialização da informação, do conhecimento e energia no sentido descendente, de cima para baixo. A liberdade e a autonomia dos órgãos sensoriais do fator de produção trabalho são francamente condicionadas, sobretudo em relação àqueles que trabalham na base da pirâmide organizacional.

O processo de tomada de decisão, pela sua essência vertical, é objeto de uma série de filtragens e constrangimentos desde o topo à base da pirâmide organizacional. Como é um processo de socialização da informação, do conhecimento e da energia diretamente relacionado com uma série de decisões, os condicionalismos emergem facilmente devido à essência hierárquica dessas decisões e à limitada margem de liberdade e autonomia do fator de produção trabalho.

As TIC estão fundamentalmente vocacionadas para a existência da liderança formal no seio da organização do trabalho. A liderança formal implica um tipo de estímulo-resposta hierárquico, de obediência entre chefes e subordinados. A informação, conhecimento e energia circulam de cima para baixo. Quando a liderança informal emerge subverte-se a lógica da liderança formal na atual organização do trabalho. Em certo sentido, o controlo da autoridade hierárquica formal e a rigidez comportamental da divisão social do trabalho necessitam de ser abolidas. Liderança informal nega a liderança formal porque se baseia na espontaneidade e informalidade da ação do fator de produção trabalho.

Os exemplos que foquei em relação aos efeitos estruturantes das TIC sobre a organização do trabalho ajudam-nos a compreender a crise que as sociedades contemporâneas enfrentam em duas dimensões principais.

Em primeiro lugar, o valor do trabalho sofre uma grande descaracterização no que concerne o seu valor heurístico e instrumental no seio do capitalismo.

Com as TIC, muita da informação, conhecimento e energia que antes estava polarizada na ação individual e coletiva do fator produção trabalho é suprimida ou é objeto de reestruturação.

Em segundo lugar, porque existe muita ignorância, controlo e rigidez na atual divisão social do trabalho, autoridade hierárquica, processo de tomada de decisão e processo de liderança, a produtividade do fator de produção trabalho é baixa e a conflitualidade social tende a desenvolver-se.

É chegado o momento de referir a importância das competências e qualificações que o fator de produção trabalho deve possuir para adaptar-se e reagir em relação às TIC. Ter competências e qualificações são duas realidades distintas, mas interdependentes. Qualificações, na generalidade dos casos, são modalidades de certificação e legitimação outorgadas pelas sociedades, sobretudo por instituições vocacionadas para esse efeito. Competências decorrem do conjunto de saberes definidos por uma dada profissão ou um indivíduo. Competências implicam ainda na afirmação dessas competências pelo fator de produção trabalho no espaço-tempo do processo de trabalho.

As TIC, no sentido concreto do termo, exigem competências e não qualificações, embora estas integrem um conjunto padrão de competências. São competências cognitivas e emocionais. Exigem que os órgãos sensoriais, sobretudo ao nível da audição e da visão, estejam em sintonia estreita com o processo de estímulo-resposta conducente à socialização da energia, informação e conhecimento. Neste contexto, todo e qualquer fator produção trabalho que não tenha as competências para executar as tarefas que lhe são exigidas pelas TIC, ou entra diretamente no desemprego ou é considerado desqualificado.

O processo de adaptação e de reação sistemática do fator de produção trabalho às TIC gera quatro dicotomias que nos elucidam sobre a natureza da crise das sociedades contemporâneas.

Em primeiro lugar, as TIC, por integrarem nos seus mecanismos automáticos um imenso trabalho vivo em energia, informação e conhecimento, por essa via, dispensam uma parte substancial do trabalho vivo inerente à condição-função do fator de produção trabalho. As TIC, nestas condições, geram estruturalmente o desemprego. A dicotomia emprego/desemprego é irreversível. Neste sentido, à medida que as TIC se tornam mais abstractas e complexas, e os seus mecanismos automáticos se tornam mais sofisticados, o desemprego de trabalho vivo na condição-função do fator de produção trabalho é uma realidade imanente à atual crise do capitalismo.

Aqueles que conseguem emprego no contexto das TIC e do capitalismo têm competências cognitivas e emocionais adequadas para integrarem o processo de produção, distribuição, troca e consumo de bens e serviços analítico-simbólicos.

As qualificações do fator de produção trabalho inscritas ao nível da divisão social do trabalho, da autoridade hierárquica formal, do processo de tomada de decisão e do processo de liderança determinam o lugar que cada fator de produção trabalho ocupa na pirâmide da organização do trabalho. Desse modo, quem ocupa um lugar no espaço-tempo do topo da pirâmide da organização do trabalho é considerado um trabalhador qualificado.

No caso contrário, quem é fator de produção trabalho no espaço-tempo da base da pirâmide da organização do trabalho é desqualificado. Para os qualificados exige-se muitas competências cognitivas e emocionais, muita informação e conhecimento e pouca energia. Para os desqualificados exige-se muita energia, pouca informação e conhecimento.

A dicotomia qualificado/desqualificado evolui no sentido unívoco do emprego/desemprego. Para além disso, a condição-função de desqualificado traduz-se em situações de precariedade de vinculação contratual.

Das dicotomias já referidas emergem mais duas dicotomias. Quem tem emprego e é qualificado é fator de inclusão social. Quem é desempregado e desqualificado envereda pela exclusão social. A inclusão social/exclusão social é potenciadora de conflitos sociais. Quando atinge proporções relevantes pode dar origem a movimentos sociais radicais, obrigando ou exigindo mudanças sociais, económicas, políticas e culturais. Quem aufere rendimentos salariais importantes e tem um nível de vida bastante razoável, na generalidade dos casos, está de acordo com o sistema social vigente.

Essa situação ocorre com o fator de produção trabalho que tem emprego e é qualificado. O mesmo não se poderá inferir dos que estão no desemprego, são considerados como desqualificados e têm uma vinculação contratual precária. Estes, muitas vezes, estão submersos pela miséria e a pobreza.

A escravidão acompanha variadíssimas vezes esta realidade de miséria e pobreza. Esta dicotomia riqueza/pobreza é uma das manifestações mais contundentes das sociedades contemporâneas. A violência da regulação das antinomias riqueza/pobreza não supera as contradições e os conflitos da imensa crise que atravessam as sociedades contemporâneas.

Contextualizando a Economia Solidária no seio das sociedades contemporâneas, a sua abordagem epistemológica e metodológica é muito recente. A sua significância prática e teórica tem relevância, fundamentalmente, no Brasil e na França, alargando-se posteriormente a Portugal.

De fato, estando de acordo com Igor Valentim, a Economia Solidária sempre esteve em contínua tensão com o Modo de Produção Capitalista.

Enquanto este modelo prima pela obtenção de lucro, da concorrência e competição determinado pelas regras do mercado, a Economia Solidária prima por um modelo de socialização assente na solidariedade, no igualitarismo e na autogestão.

Como já expliquei, estes pressupostos de solidariedade, de igualitarismo e de autogestão tem a sua génese em meados do século XIX na Europa Ocidental. As experiências de antanho não tinham a denominação de Economia Solidária, mas eram caracterizadas como cooperativas, associações de socorro mútuo, caixas económicas, etc... Na maioria dos casos eram alternativas ao capitalismo e ao socialismo, sobretudo quando este é instituído na URSS em 1917. A Economia Solidária, como teoria e prática, aparece em meados da década de 90 do século XX, depois do Maio de 1968 e da queda do muro de Berlim em 1989.

Um primeiro grande problema que se põe à Economia Solidária é se existe exclusivamente uma tensão com o Modo de Produção Capitalista ou também com o Modo de Produção Socialista. Os conceitos de solidariedade e de igualdade levam-nos inevitavelmente para esse dilema. Que socialismo está identificado com a Economia Solidária? Se não está identificado com qualquer tipo de sociedade socialista, pode-se perguntar até que ponto a Economia Solidária tem uma base sólida para ser uma alternativa ao Modo de Produção Capitalista.

Na maior parte das empresas a gestão é o oposto da autogestão. Quer nos aspectos relacionados com a divisão social do trabalho, quer em relação à autoridade hierárquica formal, quer ainda ao processo de tomada de decisão e ao processo de liderança, os pressupostos de socialização e de sociabilidade do exercício do poder e da execução de tarefas são substancialmente diferentes.

O modelo de gestão das empresas capitalistas implica um exercício de poder e execução de tarefas no sentido vertical, de cima para baixo, com salários diferenciados, consoante a função de cada um na pirâmide organizacional da organização do trabalho. A democracia é representativa e, por vezes, é participativa. Igor Valentim critica certas organizações que adoptam esse modelo de gestão: ONGs, sindicatos, universidades. Ao considerar a autogestão como algo de diferente, opina no sentido de um tipo de democracia direta que permite a autogestão, o igualitarismo e a solidariedade.

Por fim, neste seu livro, Igor Valentim faz uma análise das experiências de Economia Solidária em Portugal. Para os devidos efeitos, procurou exemplos de Economia Solidária em Portugal Continental. Não tendo conseguido encontrar algo que correspondesse ao estudo que tinha realizado no Brasil, em Porto Alegre, vê-se constrangido a viver experiências de Economia Solidária nos

Açores. Depois de várias entrevistas com informantes privilegiados no âmbito das experiências que decorriam há vários anos neste arquipélago, foi possível encontrar um exemplo emblemático através da cooperativa Megasil.

O que interessa, desde já, referir prende-se com o fato de Igor Valentim recusar estudar/aprender com as experiências que lhe tinham sido apresentadas como modelo de Economia Solidária. A recusa de estudar certas empresas, pura e simplesmente, decorria da inexistência de processos de socialização e de sociabilidade conducentes à emergência de solidariedade, igualitarismo e autogestão. Foi esta recusa que o levou até a Megasil.

A experiência da Megasil é notável pela persistência, motivação e esforço dos que nela trabalham. A solidariedade sobrepõe-se ao igualitarismo e à autogestão. Sendo algumas das mulheres diminuídas fisicamente, isso não obsta que a sua contribuição para a produção final seja extremamente positiva. A perpetuação desta experiência, tendo presente uma situação de crise de emprego na região, revela-nos que a Megasil se aproxima de uma forma positiva das bases teóricas e práticas da Economia Solidária.

Amanhecer na costa Açoriana
Ilha de São Miguel, Açores, Portugal
17 de maio de 2009
Foto: Igor Vinicius Lima Valentim

Introdução

O livro que aqui se inicia não é apenas um produto fechado e encerrado, mas principalmente uma narratividade ligada a processos, vivências, experimentações.

Portanto, é importante alertar, desde já, que busco compartilhar não apenas o resultado de uma pesquisa, mas caminhos e descaminhos construídos coletivamente, por mim e todos aqueles com os quais encontrei ao longo dos últimos anos.

Esforço-me para que seja um trabalho **com** e não **sobre** pessoas e organizações. Apresento muitos dos percursos e histórias que tornaram possíveis, ajudaram a construir e efetivamente fazem parte das pesquisas empreendidas.

As experiências aqui narradas me modificaram como pesquisador e como ser humano e também busco compartilhar essas mudanças nas páginas que compõem esta obra.

Construção vivencial da pesquisa: desassossegos

Nasci e morei até os vinte e três anos de idade na cidade do Rio de Janeiro. Passei quase cinco anos no curso de graduação em Administração da Universidade Federal do Rio de Janeiro (UFRJ), o qual concluí em maio de 2003. Tendo até então sempre morado na mesma cidade, eu sentia necessidade de respirar novos ares, ouvir novas histórias, conhecer pessoas em lugares diferentes.

Mais que isso, me sentia inquieto, principalmente nos dois últimos anos do curso, ao ver duas faces do que me parecia um mesmo fenômeno.

Por um lado, ao ter trabalhado em banco de investimentos, consultoria, empresa de informática e em curso de idiomas, se tornava cada dia mais claro para mim que a **exploração no e por meio do trabalho** era uma realidade nua e crua, que ocorria de diversas maneiras.

Por outro lado, o que mais me angustiava era ver que a maior parte dos meus colegas de curso, mesmo cumprindo intermináveis horas extras (muitas das quais não remuneradas), e sofrendo faltas e atrasos na universidade relacionados à 'dedicação' ao trabalho, **considerava natural** esse tipo de política e ambicionava crescer cada vez mais dentro das empresas nas quais se encontravam trabalhando, sob a forma de emprego ou estágio.

Durante os quase cinco anos de graduação em Administração na UFRJ fui **disciplinado** em uma **grade** curricular com temas relacionados à administração financeira, contabilidade, marketing e gestão de 'recursos humanos', entre outros. As disciplinas apresentavam conteúdos ligados a modos de gestão cujo objetivo maior era o lucro financeiro, tratando todos os demais aspectos de uma organização, inclusive as pessoas, como recursos.

Eu tinha a impressão de que a participação de todos era estimulada apenas nos discursos organizacionais oficiais e nas situações em que não houvesse questionamento da organização, de sua finalidade e do status quo.

Da mesma maneira, parecia-me que igualdade, solidariedade, cooperação e justiça eram palavras bonitas nos panfletos empresariais e nos manuais de gestão de pessoas, mas de operacionalização duvidosa, tendo em vista que os lucros organizacionais estavam longe de serem divididos igualmente por todos e que os salários pareciam cada vez mais discrepantes.

Nesses contextos, a exploração de muitas pessoas para o benefício de poucas, a competição, o entendimento do outro como adversário ou mesmo como inimigo, o tratamento da cooperação e das parcerias de maneira utilitária e temporária – apenas quando derem lucro – eram aspectos de modos de vida estimulados, cultivados e vivenciados no dia-a-dia da universidade e das empresas.

Angustiava-me ver que, em uma universidade pública federal como a UFRJ, um aluno do curso de Administração tinha contato com nada ou quase nada de conteúdo crítico. A instituição não possuía, nesta graduação, nenhuma linha de formação crítica para os futuros administradores.

As relações de ensino/aprendizagem aconteciam todas dentro dos muros da instituição, exceto pelo requisito do estágio supervisionado. Não tive contato com a possibilidade de participar de projetos de extensão, monitoria ou iniciação científica.

Não pareciam existir, no decorrer do curso, preocupações quanto ao debate dos impactos e consequências dos conteúdos lecionados para as pessoas e para as sociedades de modo mais amplo, salvo pelas iniciativas isoladas de alguns poucos professores.

Teorias administrativas, ferramentas de gestão e políticas voltadas à administração de organizações e da própria vida humana eram ensinadas sem que fosse sequer ressaltado o caráter político que carregam e de quem são os interesses que visam atender.

Paralelamente, a política era tratada como sinônimo de política partidária. E cada vez mais ela é atrelada a um estigma negativo, ligado muitas vezes à corrupção. Assim, perde sua característica conceitual originária: 'político', do grego politikós, diz respeito a tudo aquilo que tem a ver com o que é público e, portanto, com a organização da vida em sociedade.

Intrigava-me ver que as mais diversas disciplinas eram ensinadas como possuidoras de caráter apolítico, ainda que estimulassem a (re)produção de técnicas, ferramentas, comportamentos e modos de pensar pré-elaborados.

Como podiam ser estimulados, em uma universidade pública, em sua maioria, valores tais como a competição, o individualismo, a ambição e a primazia do financeiro frente a todo o resto?

Progressivamente, sem refletir-se muito sobre que consequências podem ensejar, esses valores são apropriados por muitos de nós e virtualmente tratados como necessários para aqueles 'que desejam vencer'. Dito de outro modo, esses valores e princípios são expandidos não apenas para a gestão de empresas, mas para todas as áreas/dimensões da vida.

Ações, posturas e atitudes que caminhem em outras direções, guiadas por valores diferentes dos mencionados acima, tendem a ser entendidas como ingênuas, românticas, loucas ou até mesmo criminosas. Os outros devem servir apenas enquanto ajudarem a potencializar os próprios rendimentos e interesses: utilitarismo nas relações.

É raro perceber estímulos à mobilização coletiva, a formas de administração que estimulem valores mais humanos, tais como a cooperação, a solidariedade e o igualitarismo.

Eu nunca havia ouvido falar em Economia Solidária, associativismo ou mesmo autogestão. Ou seja, a gestão que eu havia aprendido até então na universidade e nas minhas experiências profissionais era desempenhada de uma única maneira – heterogestão –, e voltada única e exclusivamente para o lucro, ainda que travestida nos mais diversos, belos, supostamente neutros, apolíticos e convincentes modelos, filosofias e ferramentas de gestão de negócios.

Mas há iniciativas que parecem não ter o lucro como objetivo primeiro, dentre as quais algumas associações e cooperativas, nomeadas como pertencentes à Economia Solidária (ES).

Essas organizações coletivas distinguem-se por buscarem valores tais como a autogestão, o igualitarismo e a primazia do humano frente à máxima do lucro financeiro a qualquer preço. É preciso buscá-las, ouvi-las, vivê-las.

Mudança para Porto Alegre e contatos com a Economia Solidária

Em janeiro de 2004, caminhei 1561km em direção ao Sul do Brasil para fixar residência em Porto Alegre, com o intuito de cursar um Mestrado em Administração na Universidade Federal do Rio Grande do Sul (UFRGS).

Alguns amigos diziam que eu era louco por pensar em cursar um mestrado e viver de bolsa de estudos 'comendo pão com mortadela'[1] por dois anos ao invés de ganhar mais dinheiro em outros trabalhos/empregos.

A bolsa de estudos no mestrado era maior do que o salário que muitas pessoas ganhavam em seus empregos. Além disso, eu me considerava uma pessoa simples, sem luxos e, vindo de uma família sem muitas riquezas materiais, mas com valores que eu muito admiro, encarei o desafio do desconhecido e do implanejável em prol daquilo que me afetava e me movia.

Um dos maiores motivadores da minha ida para Porto Alegre havia sido justamente um conjunto de sentimentos relativos a todas essas vivências e angústias que me haviam afetado durante a graduação no Rio de Janeiro. Eu me sentia inquieto com a naturalidade com que a maior parte das pessoas parecia encarar as situações que narrei anteriormente.

Cheguei a Porto Alegre bem no começo de 2004: um completo estranho, já que não conhecia ninguém na capital do estado mais ao sul do Brasil.

Logo no primeiro mês do mestrado busquei me informar sobre os projetos e pesquisas em andamento na Escola de Administração (EA) da UFRGS. Foi então que comecei a ler diversos artigos sobre a temática da Economia Solidária (ES), organizações autogestionárias supostamente pautadas por valores tais como a solidariedade e o igualitarismo, distintos daqueles que se constituíam como dominantes e que tanto me angustiavam.

---

1   Fazendo alusão às dificuldades financeiras que eu enfrentaria vivendo apenas com o valor mensal da bolsa de estudos para mestrandos, financiada pelo governo federal brasileiro.

Já em abril do mesmo ano comecei a esboçar, juntamente com Fabiano, colega de curso, as linhas para a primeira edição de um projeto de extensão que envolveria a atuação de alunos da EA/UFRGS em associações e cooperativas de Economia Solidária na Grande Porto Alegre. Este projeto, intitulado Residência Solidária, encontra-se mais detalhadamente apresentado em outra obra, publicada em 2006[2].

A partir do envolvimento na construção da primeira edição da Residência Solidária em território gaúcho fui tendo contato com as produções/publicações acadêmicas e com o cotidiano das organizações de ES, já que participava tanto como um dos três coordenadores do projeto quanto como 'residente'. Na primeira função tive a oportunidade de conhecer diversas associações e cooperativas. Na segunda, junto com Beatriz Hellwig, pude estreitar e aprofundar laços com uma dessas organizações.

Um dos objetivos como participante da Residência Solidária era construir um projeto juntamente com os membros da associação, a partir das suas demandas. Estas nem sempre se mostravam claras e tínhamos a intenção, como residentes, que elas fossem construídas coletivamente, e não a partir de sugestões 'dos universitários'.

Comecei a construir uma história que se mostraria bem mais profunda que um simples trabalho com a Associação de Catadores de Materiais Recicláveis dos Direitos dos Moradores de Rua (ACMDMR), constituída a partir da mobilização coletiva de então moradores de rua, em luta por melhores condições de vida e trabalho.

Sentíamos que se algumas ferramentas administrativas fossem de domínio dos membros da ACMDMR, o resultado do trabalho coletivo poderia ser melhorado. Mas, por outro lado, tínhamos consciência plena do risco que essa 'importação' de conceitos e ferramentas da Administração poderia acarretar para os valores e modo de organização da associação.

As pomposas teorias, modelos e ferramentas de gestão se mostravam incompatíveis com a postura de uma associação que não buscava o lucro como objetivo maior e que aparentemente lutava por relações baseadas na igualdade entre seus membros.

Ficava nítida a falácia da superioridade do conhecimento acadêmico. A Administração se mostrava inadequada para contribuir para a administração e para a consolidação de uma associação baseada em princípios diferentes dos capitalistas.

2　　　CARRION, R. M.; VALENTIM, I. V. L.; HELLWIG, B. C. (Orgs.). Residência Solidária UFRGS: vivência de universitários com o desenvolvimento de uma tecnologia social. Porto Alegre: Editora da UFRGS, 2006.

Era necessário buscar a construção de novos conhecimentos coletivos. Não na Universidade nem pelos universitários, mas sim entre os nossos saberes e os deles, sem a superioridade de um sobre o outro.

Para isso, era fundamental também buscar conhecer que objetivos as pessoas tinham, que valores vivenciavam nas relações que construíam, que sonhos possuíam, que histórias de vida carregavam, bem como marcas deixadas por vitórias, derrotas, alegrias e tristezas.

Mostrava-se importante viver junto com essas pessoas a organização, bem como aguçar a sensibilidade com relação aos sentidos adquiridos pelo trabalho e pela vida que ali se materializavam.

Passei mais de dezoito meses indo semanalmente à ACMDMR, em um mútuo conhecer-afetar cheio de diversos estranhamentos e aprendizados. Fiquei com muitas questões sem resposta.

Um desses questionamentos estava relacionado aos sentidos que o conceito 'Economia Solidária' adquiria em outros contextos, outras regiões, outros países, outras organizações, tendo em vista que até a minha chegada à ACMDMR, seus integrantes não conheciam o conceito.

Era possível notar que já se discutia a respeito de ES, com esse nome, no Brasil e em países como França e Canadá, desde meados da década de 1990. É visível o aumento das pesquisas e publicações sobre o assunto, tanto em território brasileiro, quanto nos países francófonos citados anteriormente e em outros da América Latina, a partir da década de 2000.

Entretanto, me chamava atenção o fato de que em Portugal, país responsável pela colonização de extensas áreas do território brasileiro, também vinha se discutindo sobre Economia Solidária, principalmente a partir de 2003, com as publicações de Boaventura de Sousa Santos[3] - a partir de sua presença em diversas edições do Fórum Social Mundial - e de Rogério Roque Amaro[4].

Isso me causava estranhamentos porque a Constituição Portuguesa cita e prevê políticas públicas para a Economia Social, representante de outro corpo conceitual, diferente da Economia Solidária.

Para minha surpresa, nenhuma das publicações portuguesas – acima citadas – que tratavam da Economia Solidária em Portugal trazia relatos de campo, apresentações de associações e/ou cooperativas, nem tampouco investigações aprofundadas realizadas com organizações consideradas como de Economia Solidária em solo português.

---

3   SANTOS, B. D. S. (Ed.). Produzir para viver: os caminhos da produção não capitalista. Lisboa: Edições Afrontamento, 2003.

4   AMARO, R. R. Reflexões sobre a economia solidária. In: Actas do Congresso internacional de economia solidária, 29-30 setembro 2005, Ponta Delgada. Centro de estudos de economia solidária do atlântico, 2005, p. 17-29.

Busco o novo. A invenção. As potencialidades. Nesse sentido, me interessa mais encontrar organizações que não necessariamente foram criadas 'de cima pra baixo'.

Onde encontrar, em Portugal, a mobilização coletiva de pessoas que lutam por valores tais como o igualitarismo, a solidariedade e a autogestão nas suas organizações? Organizações estas das quais os integrantes sejam associados, membros, donos e nas quais participem ativamente. Organizações que não sejam desenhadas e pensadas por uns e construídas cotidianamente e executadas por outros e nas quais pulsem valores como os mencionados nas relações interpessoais.

Eu precisava, então, viver experiências portuguesas relacionadas a esta outra economia. Viver o conceito 'Economia Solidária' neste outro país, com suas (inter)conexões, sentidos e organizações. Realizar uma investigação **com** membros de uma organização portuguesa de ES e não apenas **sobre** eles.

Aspectos metodológicos

Não existem métodos certos ou errados, falsos ou verdadeiros, na elaboração de um trabalho de investigação. A escolha do método é feita justamente em função daquilo que se constrói na pesquisa. Ou seja, o método é uma escolha feita **com** a pesquisa e no seu decorrer, de modo a potencializá-la.

Foi justamente no decorrer de vivências que o trabalho começou a ganhar forma e que os problemas de pesquisa, bem como os próprios objetivos do trabalho foram se construindo. Por isso concordo com as palavras de Virgínia Kastrup[5] quando ela fala que "entra-se em campo sem conhecer o alvo a ser perseguido; ele surgirá de modo mais ou menos imprevisível, sem que saibamos bem de onde".

Vários motivos me levam a realizar este trabalho. Entre eles, é importante ressaltar meu interesse pelos modos como as pessoas constroem suas existências, bem como que tipos de sociedades esses modos implicam.

O trabalho, como importante para a vida da maioria da população, aparece como item de atenção. Por isso, busco focar em organizações construídas a partir da mobilização coletiva que representam para seus integrantes mais do que um modo de fazer dinheiro, ou seja, empreendimentos que buscam valores outros do que aqueles hoje dominantes.

---

5   KASTRUP, V. O funcionamento da atenção no trabalho do cartógrafo. In: PASSOS, E. et al (Ed.). Pistas do método da cartografia: pesquisa-intervenção e produção de subjetividade. Porto Alegre: Sulina, 2009, p. 32-51.

Os 'profissionais acadêmicos'[6] não devem se furtar a questionar e mesmo a desconstruir aquilo que parece representar, no discurso de muitos, a natureza das pessoas e das coisas, inclusive para mostrar que os modos de existência não são únicos, naturais e nem inevitáveis.

Coisas (inclusive os modos de viver) também não são pré-existentes e independentes do olhar de cada um e de cada uma: não existe objetividade científica, neutralidade nas relações e, portanto, neutralidade analítica[7].

O legado cartesiano[8],[9] diferencia o mundo exterior do mundo interior, fundando, a partir daí, a neutralidade científica. Criaram-se regras tradicionais de um método, chamado científico, no qual o sujeito-pesquisador e objeto-pesquisado ocupam lugares fixos, esperando-se que existam neutralidade e descolamento da história, do ambiente social e do próprio corpo[10].

Mas o pesquisador configura-se naquilo que pode ver e suas experiências do mundo coincidem com seus próprios instantes. Estamos sempre operando como observadores e, portanto, o que explicamos são nossas experiências, ou seja, o que nós distinguimos como acontecimentos direta ou indiretamente ligados a nós[11]. Neste sentido, o que abordamos nas pesquisas são experiências, já que o comportamento não é algo dado, mas uma série de acontecimentos que se passam entre interações.

Desta forma, o texto que aqui se inicia pode ser entendido como um exercício de realizar uma cartografia, inspirada nos moldes propostos por Suely

---

6   O termo faz referência, no âmbito deste trabalho, a professores, pesquisadores, mestrandos, doutorandos, alunos de graduação e todos aqueles que, de modo direto, contribuem na construção do que é considerado como ciência, com especial atenção àqueles que, a partir do trabalho na Academia, conseguem os meios para sobreviver.

7   GUATTARI, F.; ROLNIK, S. Micropolítica: cartografias do desejo. Petrópolis: Vozes, 2007, p. 37.

8   DESCARTES, R. A discourse of a method for the well guiding of reason, and the discovery of truth in the sciences. London: Printed by Thomas Newcombe, 1649. Disponível em: http://gateway.proquest.com/openurl?ctx_ver=Z39.88-2003&res_id=xri:eebo&rft_val_fmt=&rft_id=xri:eebo:image:54569.

9   DESCARTES, R. Les principes de la philosophie. In: ADAM, C.; TANNERY, P. (Ed.). Oeuvres de Descartes. Paris: Tomo IX-2, 1971.

10   KIRST, P. G. et al. Conhecimento e cartografia: tempestade de possíveis. In: FONSECA, T. M. G.; KIRST, P. G. (Ed.). Cartografias e devires: a construção do presente. Porto Alegre: Editora da UFRGS, 2003, p. 91-101, p. 96.

11   MATURANA, H. R.; VERDEN-ZÖLLER, G. The origin of humanness in the biology of love. Exeter: Imprint Academic, 2008, p. 15-16.

Rolnik[12,13,14]. De acordo com ela, a cartografia é "um desenho que acompanha e se faz ao mesmo tempo em que os movimentos de transformação da paisagem"[15], procurando capturar intensidades e transformações decorridas no terreno percorrido[16]. Enquanto isso, o mapa representa um todo estático, déjà-là.

A cartografia é um método formulado por Gilles Deleuze e Félix Guattari[17] que busca acompanhar processos, e não representar objetos. Ela supõe uma tentativa de retratar o cotidiano a partir das marcas constituintes que cruzam a vivência dos sujeitos[18].

Convocam-se, portanto, alianças entre razão, intuição e sensibilidade, vida e conhecimento, invocando-se a complexidade e as ilimitadas possibilidades de expressão do mundo e dos sujeitos[19].

Vale ressaltar que, nos encontros, não só o objeto, mas também o pesquisador, já não são mais os mesmos e é quando nos deixamos atravessar e redesenhar pelos outros que nos visitam[20], muitas vezes se instalando e tornando parte de nós mesmos, que construímos o que proponho aqui.

Sendo uma explicitação das sensações, a cartografia se produz através de conceitos, depoimentos, conversas, confissões, compromissos e tantas outras coisas. Os conceitos nunca podem ser separados das sensações, já que eles são "suas letras, seus registros ou suas vibrações"[21] e estão presentes em tudo que se refere ao existir e ao experienciar.

Nesse sentido, aquilo que se poderia chamar de descrição, a partir destes

---

12   ROLNIK, S. Cartografia ou de como pensar com o corpo vibrátil. Núcleo de Estudos e Pesquisas da Subjetividade da PUC/SP, 1987.

13   ROLNIK, S. Pensamento, corpo e devir. Uma perspectiva ético/estético/política no trabalho acadêmico. Cadernos de Subjetividade PUC/SP, v. 1, n. 2, p. 241-251, set 1993.

14   ROLNIK, S. Cartografia sentimental: transformações contemporâneas do desejo. Porto Alegre: Sulina; Editora da UFRGS, 2006.

15   ROLNIK, S. Cartografia ou de como pensar com o corpo vibrátil. Núcleo de Estudos e Pesquisas da Subjetividade da PUC/SP, 1987.

16   KIRST, P. G. et al., op. cit, p. 92.

17   DELEUZE, G.; GUATTARI, F. Mil Platôs. Rio de Janeiro: Ed. 34 Letras, 1995.

18   REPPOLD, C. R. et al. O trabalho como dispositivo de subjetivação, hierarquia e controle no poder judiciário: um estudo de caso. In: FONSECA, T. M. G.; FRANCISCO, D. J. (Ed.). Formas de ser e habitar a contemporaneidade. Porto Alegre: Editora da UFRGS, 2000. p. 129-136, p. 130.

19   FONSECA, T. M. G.; KIRST, P. G. Cartografias e devires: a construção do presente. Porto Alegre: Editora da UFRGS, 2003, p. 12.

20   MAIRESSE, D. Cartografia: do método à arte de fazer pesquisa. In: FONSECA, T. M. G.; KIRST, P. G. (Ed.). Cartografias e devires: a construção do presente. Porto Alegre: Editora da UFRGS, 2003. p. 259-271, p. 260.

21   KIRST, P. G. et al., op. cit., p. 98.

conceitos, pode ser chamado de produção existencial, não mais dissociando sujeito e objeto: "a cartografia propõe-se a capturar no tempo o instante do encontro dos movimentos do pesquisador com os movimentos do território de pesquisa. É o encontro que se registra e não seus objetos"[22].

Não é meu objetivo demonstrar a veracidade de proposições e/ou hipóteses, mas sim buscar fazer ciência dando atenção às marcas dos encontros e aos sentimentos e instabilidades que atravessam as convivências da pesquisa, ou seja, aos afetos.

Os afetos são produzidos através de encontros dos corpos, quando invocam-nos como capacidade de afetar e ser afetado e que não se sabe antecipadamente de que afetos são capazes[23]. A própria palavra 'afetar' designa o efeito da ação de um corpo sobre outro, em seu encontro[24].

É justamente o poder de afetar e ser afetado que determina a qualidade do que se pode chamar de encontros, nos quais é definida a liberdade de um corpo como potência para vir atualizar seus afetos, vir a ser causa e fonte deles[25]. Afetar e ser afetado são, portanto, sinônimos de viver.

O pensamento é uma espécie de cartografia cuja matéria-prima é constituída pelas marcas produzidas nos encontros[26] e funciona, então, como universo de referência dos modos de existência que vamos criando, figuras de um vir-a-ser (devir).

Cartografar, do ponto de vista do conhecimento, significa marcar o momento de um olhar, deixando de lado verdades sacralizadas[27], uma vez que todo o conhecimento se refere a um efeito das contingências que o engendraram.

Em uma cartografia, o cartógrafo se enxerga como parte integrante da investigação e testemunha seus próprios movimentos de conhecer[28]. Portanto, mais uma vez afirmo que na minha perspectiva não existe e nem desejo neutralidade, já que é justamente nos encontros, na proximidade e na convivência que o trabalho se realiza e que a vida ganha contornos.

---

22   Idem, p. 100.

23   DELEUZE, G. Francis Bacon: la lógica de la sensación. Madrid: Arena Libros, 2002.

24   ROLNIK, S. Cartografia sentimental: transformações contemporâneas do desejo. Porto Alegre: Sulina; Editora da UFRGS, 2006, p. 57.

25   ENGELMAN, S. Trabalho e loucura: uma biopolítica dos afetos. Porto Alegre: Sulina; Editora da UFRGS, 2006, p. 136.

26   ROLNIK, S. A dama de negro. Núcleo de Estudos e Pesquisas da Subjetividade da PUC/SP, 1993, p. 4.

27   FONSECA, T. M. G.; KIRST, P. G., op. cit., p. 11.

28   KIRST, P. G. et al., op. cit., p. 96.

A cartografia surge como um princípio "inteiramente voltado para uma experimentação ancorada no real"[29]. Não há um único sentido para as experimentações vividas nem uma mesma entrada.

A realidade cartografada se apresenta "como um mapa móvel", de tal maneira que tudo aquilo que tem aparência de 'o mesmo' não passa de um concentrado de saber e poder[30].

É justamente ao se deixar sonhar a partir das intensidades vividas nos encontros, que a realidade social se produz, parecendo "difícil e até inconcebível separar um campo material de um campo da representação"[31].

O que define, portanto, o perfil do cartógrafo é composto por uma espécie de sensibilidade que ele busca fazer prevalecer em seu trabalho: uma mistura do seu olho com, simultaneamente, seu corpo vibrátil[32].

As cartografias vão se desenhando ao mesmo tempo em que os territórios vão tomando corpo: um não existe sem o outro. Não se busca estabelecer um caminho linear para atingir um fim ao realizar-se uma cartografia: ela é sempre "um método ad hoc"[33].

Tendo em vista que o problema, para o cartógrafo, não é o do falso/verdadeiro, nem o do teórico/empírico[34], não busco efetuar, aqui, nenhum tipo de generalização ou de afirmação da verdade, mas retratar vivências na constituição de territórios existenciais, na análise da constituição dos desejos nos encontros dos passeios.

As pesquisas requerem a habitação de territórios que, em princípio, o pesquisador/cartógrafo não habita. Não existem dados déjà-là, prontos, a espera de serem coletados para posterior análise, mas sim uma pesquisa que se constrói coletivamente na medida em que é realizada, nos encontros entre os envolvidos e em contextos dos quais o pesquisador é parte.

Desta forma, em uma cartografia, não há o que ser descrito no primeiro momento para ser analisado a posteriori. Frustrarei aqueles que entendem ciência como sinônimo disso.

Morei em Lisboa e na Região Autônoma dos Açores, em um período total de quase dois anos, iniciado no final de 2007.

---

29   DELEUZE, G.; GUATTARI, F., op. cit., p. 21.

30   PASSOS, E. et al. Apresentação. In: PASSOS, E. et al (Ed.). Pistas do método da cartografia: pesquisa-intervenção e produção de subjetividade. Porto Alegre: Sulina, 2009, p. 7-16, p. 10.

31   ROLNIK, S. Cartografia sentimental: transformações contemporâneas do desejo. Porto Alegre: Sulina; Editora da UFRGS, 2006, p. 45-46.

32   ROLNIK, S. Cartografia ou de como pensar com o corpo vibrátil. Núcleo de Estudos e Pesquisas da Subjetividade da PUC/SP, 1987.

33   KASTRUP, V., op. cit.

34   ROLNIK, S., op. cit.

Caminhei por ruas e avenidas, conversei com professores universitários, funcionários públicos de diversos escalões e com trabalhadores de diferentes organizações não governamentais (ONGs), bem como com 'anônimos'.

Conheci e dialoguei, também, com membros de várias organizações. Visitei várias organizações dedicadas aos mais diversos fins e estruturadas de diferentes maneiras.

Foi fundamental conhecer pessoas que, juntas, lutam por outros modos de vida a partir de atitudes baseadas em valores e princípios mais amorosos e voltados à vida do que aqueles que parecem ser os dominantes hoje.

Como dito inicialmente, mais que uma síntese em forma de produto, o valor deste trabalho reside no seu caráter processual.

Convido, portanto, os leitores para que percorram as diversas etapas deste trabalho, marcadas por transformações, descobertas, emoções, construções, desconstruções e aprendizados, inclusive do próprio autor.

Espero que, dessa forma, o trabalho possa afetar os leitores e as leitoras de formas diversas, suscitando perguntas, dúvidas, questionamentos, inquietações, ações e mudanças, principalmente na direção de mundos mais justos, igualitários e solidários.

Esta obra está estruturada em quatro capítulos-base, para além desta introdução e de um último dedicado a algumas considerações.

No capítulo de número um busco cartografar alguns aspectos das sociedades contemporâneas, discutindo a respeito de valores hoje dominantes, da lógica capitalista e de seus desdobramentos para a vida de muitos, bem como dos processos de subjetivação hoje em curso.

Já no capítulo dois o leitor encontra teorizações a respeito da Economia Solidária.

No terceiro capítulo construo uma pesquisa, com inspirações cartográficas, relacionada à Economia Solidária em Portugal. Ela engloba atravessa o início das buscas por organizações de ES portuguesas, ainda em 2008, passando pela mudança para a Ilha de São Miguel nos Açores em abril de 2009, até a definição da organização portuguesa a ser investigada – uma cooperativa de produção alimentícia – já em maio de 2009.

Na sequência, no capítulo quatro compartilho com os leitores a investigação conduzida nesta cooperativa, que se estendeu de maio até o fim de agosto de 2009, para além do mês de julho de 2010.

Por fim, o trabalho apresenta um breve capítulo dedicado a algumas considerações, nos quais são explicitadas também possibilidades de investigações futuras, seguidas pelas referências.

A língua portuguesa, utilizada para redigir esta obra, é machista em muitas de suas acepções plurais (por exemplo, usa-se 'os leitores' para fazer referência aos leitores e às leitoras). Portanto, tendo conhecimento disso, faço questão de alertar que os plurais se referem tanto a homens quanto a mulheres, ainda que eu não faça essa menção a cada termo, apenas com o intuito de não cansar os(as) leitores(as).

É importante ressaltar que os textos encontram-se redigidos com os tempos verbais no presente, com o intuito de preservar o momento de criação e inserir o leitor nos contextos vividos.

Em alguns dos trechos que narro cito os nomes dos envolvidos. Em outros, opto por não nominá-los. Ainda em outros momentos, substituo os nomes de alguns dos envolvidos por nomes fictícios, por respeito à privacidade e por considerar que o mais importante, de acordo com as finalidades deste trabalho, é poder compartilhar as experiências, as vivências, e o que estas podem construir, suscitar e ensinar.

Aproveito para salientar também que nas passagens em que trago e cito fielmente aqueles que construíram comigo este trabalho, coloco suas falas entre aspas e em itálico, com a única intenção de frisar que aquelas são as vozes dos participantes deste processo, mesmo nas ocasiões em que não os cito nominalmente.

Se, ainda assim, em algum momento alguém se sentir ofendido, ressalto que esta não é minha intenção e me desculpo de antemão. Aproveito para salientar, também, que todos os erros aqui contidos são de minha inteira responsabilidade.

Entardecer na costa Açoriana
Ilha de São Miguel, Açores, Portugal
17 de maio de 2009
Foto: Igor Vinicius Lima Valentim

1 Cartografias Contemporâneas

Vivemos todos no mesmo planeta Terra. Apenas nós, seres humanos, já somos mais de seis bilhões, sem mencionar as incontáveis formas de vida não humanas, tão importantes e constituintes de nós mesmos quanto o próprio ambiente no qual vivemos. Desta forma, não é exagero ressaltar que **compartilhamos** um mesmo habitat.

Se hoje podemos ter noção de quantos somos e de como nos distribuímos ao redor deste planeta, temos também condições de saber um pouco sobre como são as vidas de muitos seres, tão humanos quanto nós, espalhados pelo globo. Diferenças nos costumes, hábitos, estilos de vida, oportunidades, valores, sentidos: vivemos infinitas diferenças entrelaçadas pelo compartilhar de um mesmo habitat.

Do Rio de Janeiro a Lisboa, de Chittagong a Copenhagen, que maneiras as pessoas encontram para sobreviver? Como elas dão/constroem sentido às suas vivências? Não precisamos sequer fazer viagens tão longas como estas. Caminhando dentro de uma cidade como o Rio de Janeiro, com seus cerca de seis milhões de moradores, no Sul geopolítico, ou percorrendo as ruas de Copenhagen, com aproximadamente um milhão de habitantes e tradicionalmente apontada como referência de 'cidadania' e de desenvolvimento no mundo, ficam claras múltiplas e incontáveis diferenças.

Chama atenção que as mencionadas diferenças não são encontradas apenas quando se contrasta o Rio com Copenhagen, ou um país rico com um país pobre, já que elas se materializam dentro de cada país, estado ou cidade.

Ao andar pelas ruas de Copenhagen, por exemplo, fica difícil não ser tocado por certos detalhes: enquanto diversos jovens sentam-se à beira do badalado canal Nyhawn, para aproveitar mais um happy hour ao som de música instrumental na capital dinamarquesa, espreitam-se por entre os que 'desfrutam' a paisagem duas pessoas que buscam sua sobrevivência enchendo seus carrinhos de ferro com latas metálicas e garrafas em vidro. Para beber uma garrafa de cerveja no local, paga-se mais de trinta coroas dinamarquesas (mais de quatro Euros ou dez Reais brasileiros). Entretanto, para aquelas pessoas conseguirem as mesmas trinta coroas, precisam catar e levar mais de cinquenta garrafas vazias da mesma cerveja a um supermercado ou a um ponto de compra de materiais recicláveis.

Observo mais que diferenças: emergem severas e numerosas discrepâncias que convocam imediatamente nossas sensibilidades. É difícil não perceber que a cada dia torna-se maior o abismo entre aqueles que, de fato, desfrutam das inúmeras 'maravilhas' prontas para o consumo ao redor do planeta e os que não têm condições para aproveitá-las. Chegamos a um momento histórico no qual estão incluídos nessas maravilhas até mesmo direitos a uma alimentação de subsistência e a uma vida minimamente de respeito.

Construímos sociedades cada vez mais injustas. Não podemos nos furtar a admitir que vivemos (e ajudamos a construir) numerosas discrepâncias e injustiças em escala mundial e que os modos de vida humanos individuais e coletivos evoluem no sentido de uma progressiva deterioração[1].

Enquanto milhões de pessoas vivem com fome ao redor do mundo, e mesmo em cidades consideradas muito ricas, muitas pessoas não conseguem se reconhecer nos quadros sociais que lhes são propostos: crises de modelos de vida, de modelos de sensibilidade, de modelos de relações sociais, que não existem somente nos países 'subdesenvolvidos' mais pobres, mas também em nas massas dos países considerados 'desenvolvidos'[2].

Portanto, classificações como as de 'países ricos' ou 'pobres', 'desenvolvidos' ou 'em desenvolvimento', mostram-se imprecisas e acabam por esconder crescentes discrepâncias sociais, mesmo naqueles países considerados 'ricos' ou 'desenvolvidos'. Muitas vezes o bem-estar de um lugar e a miséria de outro compartilham a mesma cidade, o mesmo bairro, o mesmo lugar geográfico.

---

1   GUATTARI, F. As três ecologias. Campinas: Papirus, 1990, p. 7.

2   GUATTARI, F.; ROLNIK, S. Micropolítica: cartografias do desejo. Petrópolis: Vozes, 2007, p. 218.

No documentário intitulado 'Encontro com Milton Santos ou o Mundo Global Visto do Lado de Cá', dirigido por Sílvio Tendler[3], citando Josué de Castro em seu texto 'Geopolítica da Fome', de 1961, o geógrafo brasileiro Milton Santos afirma que o mundo está dividido em dois grupos: o dos que não comem e o dos que não dormem, com medo da revolta dos que não comem. Não obstante, classificações como as mencionadas deixam de apontar as profundas interconexões e interdependências entre essas localidades.

O sociólogo polonês Zygmunt Bauman[4] resume o que se passa de forma brilhante quando diz que "não existe bem-estar de um lugar que seja inocente da miséria de outro". As sociedades modernas possuem alguns avanços que trazem benefícios para as vidas de alguns, mas, por outro lado, a miséria é a realidade de uma parte crescente da população mundial, mesmo com o progresso econômico[5].

Concordo com Roberto Freire[6] quando ele afirma que é difícil entender, logicamente, como pode o ser humano ter se tornado o animal predador por excelência, o mais irresponsável de todos quanto à sua própria sobrevivência como espécie. Félix Guattari[7] não exagera ao considerar que "cada vez mais os equilíbrios naturais dependerão das intervenções humanas", inclusive no que diz respeito à regulação das relações entre o oxigênio, o ozônio e o gás carbônico na atmosfera terrestre.

Em linha de pensamento semelhante, o biólogo chileno Humberto Maturana e Greta Verden-Zöller[8] afirmam que nós, seres humanos, "vivemos hoje em um presente que se dá na expansão da presença humana que está transformando a biosfera terrestre numa homosfera ou ecossistema centrado no humano". Isso ocorre porque "o ser humano julga-se o mais desenvolvido, além do mais adaptado e o mais forte de todos os seres vivos", entretanto, foram necessários séculos para esta evolução, com a qual o homem tornou-se também "manipulador de seu ecossistema", um manipulador "irresponsável e antinatural"[9].

---

3   TENDLER, S. Encontro com Milton Santos ou O Mundo Global Visto do Lado de Cá. 2007.

4   BAUMAN, Z. Vida Líquida. Rio de Janeiro: Jorge Zahar Ed., 2007, p. 6.

5   HANDY, C. A era do paradoxo. São Paulo: Makron Books, 1995.

6   FREIRE, R. A farsa ecológica. Rio de Janeiro: Guanabara Koogan, 1992.

7   GUATTARI, F., op. cit., p. 52.

8   MATURANA, H. R.; VERDEN-ZÖLLER, G. The origin of humanness in the biology of love. Exeter: Imprint Academic, 2008, p. 30.

9   FREIRE, R, op. cit., p. 42.

José Maria Carvalho Ferreira[10] considera que as perversões biológicas e sociais criadas pelo processo de industrialização e de urbanização das sociedades contemporâneas já chegaram ao seu limite máximo. Para ele, vivemos um modelo de "transformação de matéria orgânica em matéria inorgânica" que gerou uma situação insustentável quanto ao ambiente e o ordenamento do território.

Isso se faz sentir, prioritariamente, na transformação, destruição, redução e extinção massiva dos recursos naturais, água e oxigênio do planeta Terra, no gigantismo qualitativo e quantitativo da exploração do solo, montanhas, rios, mares e florestas que serviram e servem de matérias primas para a produção, distribuição, troca e consumo de mercadorias circunscritas aos setores do automóvel, química, siderurgia, petróleo, energia nuclear, ferro, cimento, vidro, têxtil, imobiliário, transportes e indústria agroalimentar[11].

Assim como os homens se transformaram em mercadorias, o mesmo sucede com todos e cada um dos componentes do 'reino natural', que devem ser manufaturados e comercializados desenfreadamente[12].

É importante notar que as relações da humanidade com o socius e com a 'natureza' tendem a se deteriorar cada vez mais, não apenas em razão de nocividades e poluições objetivas. O próprio fato de enxergarmos os ambientes dos quais somos parte e nos quais vivemos como algo exterior a nós já dá pistas das bases em que estruturamos nossos modos de ver, sentir e pensar.

Um importante motivador desse quadro é a existência de uma passividade fatalista. As situações vividas, mesmo as mais catastróficas, são aceitas tais como são e tratadas de maneira natural. **Somos constantemente levados a acreditar que nada podemos fazer para modificar as coisas tais como elas se apresentam** e que somos 'pequeninos demais' para construir modos de existência diferentes daqueles que hoje tratamos como naturais.

Entretanto, devemos fazer um esforço significativo para não notar a clara incapacidade das sociedades contemporâneas, por meio de sua lógica dominante, do desenvolvimento e do tão proclamado 'progresso', em promover as condições mínimas necessárias para que a maior parte da população tenha uma vida digna.

Milton Santos considera, no documentário de Silvio Tendler já mencionado anteriormente, que nunca na história da humanidade tivemos, como hoje, as condições técnicas e científicas para que vivamos dignamente.

---

10   FERREIRA, J. M. C. Da impossibilidade de superar a actual crise do capitalismo. Utopia, n. 26, p. 7-16, julho/dezembro 2008, p. 9.

11   Idem.

12   FREIRE, R, op. cit., p. 53.

Para onde quer que olhemos encontramos um paradoxo. É notório o contínuo desenvolvimento de novos meios técnico-científicos potencialmente capazes de resolver problemas ecológicos dominantes – os quais incluem a própria inabilidade dos humanos em conviverem harmoniosamente entre si e com os demais seres vivos – mas mostra-se também evidente a incapacidade das forças sociais organizadas e das formações subjetivas constituídas em se apropriarem desses meios para torná-los operativos[13], ou seja, para usá-los de forma a efetivamente solucionar os mencionados problemas.

Vivemos sob a hegemonia da lógica capitalista, fundada sobre os interesses pessoais, a propriedade privada e o lucro, valores que têm sido gradualmente transpostos e insistentemente naturalizados em todas as esferas relacionais da vida no planeta. Essa lógica também toma como bases o desenvolvimento técnico-científico, a falácia do desenvolvimento econômico como solução para todos os problemas, a acumulação irrestrita do capital e a mercantilização de todas as esferas da vida: tudo se pode comprar e tudo está à venda.

Os estímulos ao individualismo, ao utilitarismo e à competição chamam a atenção: em prol do deleite de alguns, destrói-se a vida de muitos, juntamente com o próprio planeta do qual somos parte. Henrique Nardi[14] aponta que se estimula "um individualismo solitário, no qual cada jovem se sente o único responsável pela sobrevivência própria e da família". Passamos a construir e a viver em ambientes marcados pela competição, nos quais os colegas são transformados em adversários na luta pela permanência no emprego, pelo trabalho, pela sobrevivência.

No capitalismo apenas uma coisa é universal: o mercado, "uma fantástica fabricação de riqueza e de miséria"[15]. Félix Guattari[16] qualifica o atual estágio do capitalismo como Capitalismo Mundial Integrado (CMI), já que tende a descentrar seus focos de poder das estruturas de produção de bens e de serviços para as estruturas produtoras de subjetividade.

Portanto, o capitalismo como lógica hoje dominante não está ligado exclusivamente à produção de bens e serviços, mas ele próprio é um modo de produção de lógicas e de mundos. Gilles Deleuze[17] retrata bem isso quando afirma que o capitalismo hoje não é mais dirigido para a produção, relegada com frequência à periferia do Terceiro Mundo e à China, mesmo sob as formas

---

13   GUATTARI, F, op. cit., p. 52.

14   NARDI, H. C. Ética, trabalho e subjetividade: trajetórias de vida no contexto das transformações do capitalismo contemporâneo. Porto Alegre: Editora da UFRGS, 2006, p. 191.

15   DELEUZE, G. Conversações. São Paulo: Ed. 34, 1992, p. 213.

16   GUATTARI, F, op. cit., p. 31.

17   DELEUZE, G, op. cit.

complexas do têxtil, da metalurgia ou do petróleo. Vivemos um capitalismo que não se limita a comprar matéria-prima e vender produtos acabados, nem a comprar produtos acabados e montar peças destacadas.

Naomi Klein aborda um outro aspecto do capitalismo contemporâneo e cunha a expressão "capitalismo do desastre" (do inglês disaster capitalism) para nomear essa lógica hoje dominante: uma lógica que se aproveita da esfera pública no rastro de eventos catastróficos, tratando situações de desastres como oportunidades de mercado. Para a autora, o capitalismo se utiliza desta "doutrina do choque" como um dos principais métodos para avançar nas metas corporativas, "usando momentos de trauma coletivo para realizar engenharias sociais e econômicas radicais"[18].

Em outra passagem do mesmo texto essa autora esclarece como funciona tal doutrina, analisando que a partir de um evento desastroso como um tsunami, ataque terrorista, quebra de algum mercado, entre tantos outros, parte da população entra em um estado coletivo de choque e/ou de comoção. É justamente esse estado de choque que o capitalismo utiliza como oportunidade de mercado, tal como o exemplo do tsunami na Ásia, a partir do qual milhares de pescadores foram retirados de suas moradias litorâneas e as áreas vendidas a grandes redes hoteleiras[19].

Essa faceta do capitalismo mobiliza as emoções e usa o medo, a apatia e a comoção como oportunidades de mercado. E, nesse sentido, não se trataria de nenhuma teoria da conspiração considerar que eventos de comoção e até mesmo alguns desastres podem ser potencializados e até mesmo articulados por Estados e organizações privadas, aliados à mídia como importante distribuidora de versões e sentidos para os 'fatos'.

Até que ponto são realmente necessários cortes em salários e aposentadorias 'para salvar o país' quando a função do Estado deveria ser justamente a de garantir uma melhor condição de vida para todos? Cada vez mais os governos parecem ser geridos como bancos e essa ideia é construída, divulgada e aceita por muitos como natural. Reforça-se o entendimento do capitalismo como lógica produtora de sentidos, de modos de viver e construtora de mundos e existências.

É possível notar as conexões entre as sociedades que construímos e o vazio existencial dos indivíduos e grupos, que, muitas vezes por não saberem como sobreviver, recorrem à droga, à prostituição e ao crime. Quem não tem influência, capital ou prestígio social se vê, muitas vezes, obrigado a mergulhar

---

18   KLEIN, N. The shock doctrine. The rise of disaster capitalism. London: Penguin Books, 2007, p. 8.

19   Ibidem, p. 17.

na pobreza, na miséria, no desemprego ou na marginalidade social, correndo o risco de se transformar num ser infeliz, num doente ou num demente, que é preciso encarcerar nos hospitais psiquiátricos ou nas prisões[20].

O próprio mercado promove um sucateamento dos modos de existência e reconhece a difícil tarefa que compartilhamos: "treinamos, dia após dia, nosso jogo de cintura para manter um mínimo de equilíbrio nisso tudo e adquirir agilidade na montagem de territórios [existenciais e de sentido]"[21].

As crises contemporâneas não se situam apenas no nível das relações sociais explícitas, mas também englobam as formações religiosas, míticas, estéticas: "trata-se de uma crise dos modos de subjetivação, dos modos de organização e de sociabilidade", uma crise que ao mesmo tempo é mundial, mas "apreendida, semiotizada e cartografada de diferentes maneiras"[22], de acordo com o meio.

Não seria exagero concordar com Suely Rolnik quando ela afirma que "na versão terrestre do paraíso prometido, o capital substituiu Deus na função de fiador da promessa, e a virtude que nos faz merecê-lo passou a ser o consumo"[23]. Consequentemente, quem não consegue obter êxito na competição do mercado é esmagado pelas leis normativas da sua racionalidade instrumental e utilitária.

O espaço-tempo da vida quotidiana dos indivíduos e dos grupos está sendo cada vez mais objeto de capitalização: "tudo se vende e se compra no mercado da vida quotidiana: amor, trabalho, honra, dignidade, justiça, violência, crime, bens e serviços de consumos vários, órgãos do organismo humano, morte, etc"[24]. Ter direito aos direitos (inclusive aos mais básicos), hoje, significa ter poder de compra, ser consumidor[25] e, mesmo para obter os meios mais básicos à sobrevivência, a maioria esmagadora da população mundial só o consegue se trabalhar.

---

20   FERREIRA, J. M. C. Portugal no contexto da "transição para o socialismo": história de um equívoco. Blumenau: Editora da FURB, 1997, p. 23.

21   ROLNIK, S. Com o que você pensa? Núcleo de Estudos da Subjetividade, 2007, p. 15.

22   GUATTARI, F.; ROLNIK, S., op. cit., p. 219.

23   ROLNIK, S. Cartografia sentimental: transformações contemporâneas do desejo. Porto Alegre: Sulina; Editora da UFRGS, 2006, p. 20.

24   FERREIRA, J. M. C., op. cit., p. 23.

25   NEGRI, A.; COCCO, G. GlobAL: biopoder e luta em uma América Latina globalizada. Rio de Janeiro: Record, 2005, p. 53.

A Centralidade do Trabalho-Emprego

O trabalho tem sido considerado uma entidade central por um bom tempo e é tratado, hoje, como nosso motor natural. Como bem apontado por Viviane Forrester[26], deformado sob a perversa forma de emprego, o trabalho funda a civilização ocidental. Não é exagero afirmar que as pessoas são avaliadas pela sociedade em geral, em grande medida, de acordo com as tarefas que realizam, o que produzem, suas supostas qualificações e as organizações às quais pertencem (quando o fazem).

Existe uma expansão sem limites da categoria trabalho, a qual "torna-se, sob o impulso do desenvolvimento do capitalismo, uma categoria totalizante e universal"[27]. Atualmente, o trabalho é um dos principais meios pelos quais as pessoas são rotuladas, em termos de seus status e posições sociais. Mais que isso, é tendo um emprego que a maioria das pessoas consegue encontrar os meios de obter a própria sobrevivência. É perceptível no desespero diário de muitas pessoas ao redor do planeta a ideia de que, para que consigam sobreviver, elas devem ser consideradas úteis à sociedade ou "pelo menos àquela parte que a administra e domina: a economia"[28].

Estar sem trabalho (emprego) implica que o indivíduo deixou de ser imprescindível e/ou necessário, "vendo-se desterrado para o depósito de lixo do progresso econômico"[29]. Este progresso se reduz a realizar trabalhos iguais, com ganhos idênticos, mas com menos pessoal e por meio de um custo de mão de obra inferior. Como bem explicado por Robert Castel[30], aqueles que não possuem um emprego são tratados como "inúteis para o mundo".

Ainda vivemos, e cada vez mais radicalmente, sob os valores e princípios da lógica capitalista, dentro da qual a grande maioria da população depende de vender sua força de trabalho para garantir sua existência. Portanto, assumir que o trabalho (emprego) perdeu sua centralidade dependeria da construção de novos modos de manutenção da existência dos seres humanos nos quais "o trabalho e o salário ou outra forma de remuneração, decorrente da venda da força de trabalho, não desempenhasse mais o papel de moeda que permite a aquisição dos proventos necessários para a sobrevivência"[31].

---

26   FORRESTER, V. O horror econômico. São Paulo: Editora da Universidade Estadual Paulista, 1997, p. 7.

27   LAZZARATO, M. As revoluções do capitalismo. Rio de Janeiro: Civilização Brasileira, 2006, p. 16.

28   FORRESTER, V., op. cit., p. 13.

29   BAUMAN, Z. Confiança e medo na cidade. Lisboa: Relógio D'Água Editores, 2006, p. 20.

30   CASTEL, R. As metamorfoses da questão social. Petrópolis: Vozes, 1998, p. 496.

31   NARDI, H. C., op. cit., p. 32-33.

É no local de trabalho (emprego) que os direitos de dignidade e respeito social continuam a ser obtidos ou perdidos[32]. O mercado de trabalho inspira e promove a divisão, colocando um prêmio nas atitudes competitivas e fazendo com que a colaboração e o trabalho coletivo sejam suspensos ou terminados assim que seus benefícios se exaurem[33]: uma vez que a competição substitui a solidariedade, os indivíduos veem-se abandonados aos seus próprios – inadequados – recursos[34].

É difícil discordar de Félix Guattari quando ele afirma que "os modos de vida individuais e coletivos evoluem no sentido de uma progressiva deterioração"[35]. Ao contrário da tese neoclássica, o desemprego e as discrepâncias sociais, consideradas falhas do mercado, são o resultado necessário da acumulação capitalista e da competição, bem como das relações de produção capitalistas, já que o capitalismo não é equilibrado nem tende ao equilíbrio[36].

No rastro da competição como balizadora do convívio humano, o desemprego assume "uma feição naturalizada, parte integrante de um modelo de vida social darwinista, onde se entende que a sobrevivência no mercado é um processo de seleção natural"[37]. O próprio termo desempregado, que sugere um estado temporário fora da normalidade, parece merecer questionamentos, já que é uma realidade de longa duração para grandes contingentes populacionais ao redor de todo o mundo[38].

Naturaliza-se a crença dominante de que a competição é fundamental e saudável para o desenvolvimento das pessoas e das sociedades. Com a competição sendo aceita como algo natural e humano, cada vez mais as pessoas são estimuladas a confiarem em suas próprias capacidades, habilidades e esforços, sendo igualmente tratadas como únicas responsáveis pelo 'sucesso' ou 'fracasso' em suas vidas.

Conseguir ou não um emprego é hoje uma questão tratada como de responsabilidade exclusiva de cada um, como se nada, para além dos próprios esforços individuais, influenciasse a ideia de tratar a competição entre as

---

32   BAUMAN, Z. Amor líquido: sobre a fragilidade dos laços humanos. Rio de Janeiro: Jorge Zahar Ed., 2004, p. 36.

33   BAUMAN, Z. Vida Líquida. Rio de Janeiro: Jorge Zahar Ed., 2007, p. 2-3.

34   Ibidem, p. 68.

35   GUATTARI, F., op cit., p. 7.

36   CARCHEDI, G. The social face of european capitalism. In: TITTENBRUN, J. (Ed.). Capitalism or Capitalisms? Szczecin: My Book, 2009. p. 44-77, p. 55.

37   GURGEL, C. A gerência do pensamento: gestão contemporânea e consciência neoliberal. São Paulo: Cortez, 2003, p. 119.

38   BAUMAN, Z. Confiança e medo na cidade. Lisboa: Relógio D'Água Editores, 2006.

pessoas como única e natural solução para a vida em sociedade.

A criação de um conjunto de regras morais que permitiriam a valorização e a identificação com o trabalho foi fundamental como justificativa do capitalismo, assim como para os suportes simbólicos da existência, já que a transformação do trabalho (emprego) em elemento central da constituição do tecido social passou necessariamente por uma incorporação do trabalho como valor simbólico.

Nos países ocidentais, o assalariamento permanece sendo a forma dominante sob a qual o capitalismo explora a cooperação e o poder de invenção das subjetividades quaisquer[39]. Maurizio Lazzarato considera que hoje o desemprego e a pobreza "não podem mais ser qualificados pela falta de trabalho (de emprego)"[40], já que o capitalismo como produção de modos de vida revela-se uma força de destruição da cooperação entre cérebros e de suas condições – incluindo as biológicas – de existência.

Michel Foucault já salientava[41] que a própria arte de punir precisa de uma tecnologia da representação e que, portanto, as empresas só podem ser bem sucedidas se estiverem inscritas numa mecânica natural.

A "submissão à necessidade de trabalhar para sobreviver e os valores da competição e do individualismo invadem todas as esferas da vida"[42], negando as diferenças, desvalorizando as saídas coletivas e naturalizando as desigualdades. Sentimo-nos cada vez mais isolados e fragilizados.

É importante refletir que a insegurança gerada pelo desemprego mostra-se importante para a internalização e naturalização do discurso dominante da gestão contemporânea e dos ideais liberais.

Tendo em vista que o capitalismo continua a mensurar diversos processos por meio do trabalho[43] (emprego), a discussão não se trata **apenas** sobre ter ou não um emprego. O trabalho (e o salário proveniente dele) não somente é fundamental para a sobrevivência da maioria da população, mas também (e principalmente) foi ele que se revelou como a maneira mais eficiente de regular o corpo da sociedade.

Nas fábricas, o trabalho disciplinava a nova classe operária (os operários tayloristas), "impedindo-os de se manifestar enquanto multiplicidade e enquanto críticos do assalariamento"[44]. É por esse motivo que Maurizio Lazzarato inverte

---

39   LAZZARATO, M., op. cit., p. 88.

40   Ibidem, p. 150.

41   FOUCAULT, M. Vigiar e punir: nascimento da prisão. Petrópolis: Vozes, 2005, p. 87.

42   NARDI, H. C., op. cit., p. 195.

43   LAZZARATO, M., op. cit., p. 88-89.

44   Ibidem, p. 89-90.

a definição de Marx e afirma que "o capitalismo não é um modo de produção, mas uma produção de mundos. O capitalismo é uma afetação. A expressão e a efetuação dos mundos e das subjetividades neles inseridas, a criação e realização do sensível (desejos, crenças, inteligências) antecedem a produção econômica"[45].

Vivemos e construímos sociedades de consumo, nas quais os valores predominantes dizem respeito ao **ter**, em detrimento do ser. Cultivamos valores que enfatizam o competir, o dominar e o descartar, para além da vitória do mais forte e mais bem preparado. Essa cultura "não oferece condições ao ser humano de enxergar-se internamente, de questionar-se sobre valores. A tendência é repetir modelos sem indagar-se"[46].

Passamos a achar que não existem alternativas fora do que é apresentado e difundido hoje como natural. Cada vez mais somos perpassados por uma dolorosa percepção de impotência para curarmos as misérias que enxergamos e, desta forma, ficamos tentados a correr em busca de algo que é constante e crescente, mas que cada vez mais convertemos em e tratamos como inatingível[47].

O capitalismo não é algo exterior a nós, mas somos nós que o construímos diariamente, inclusive por meio dos valores (solidariedade, individualismo, competição, ganância, amor, entre tantos outros) que cultivamos em nossas atitudes cotidianas.

Inspiro-me na concepção de valor de Maturana e Verden-Zöller, os quais consideram que "valores são abstrações que nós fazemos sobre nossa operação como seres sociais"[48] e que não existem em si próprios. Entretanto, valores podem ser entendidos como declarações de modos desejados ou pretendidos de coexistência humana que fazemos por nos preocuparmos com o outro. Com base nisso, é possível entender que, para que se tornem espontâneos no cotidiano, os valores precisam ser cultivados como aspectos do nosso viver. **A lógica capitalista busca naturalizar em nós apenas determinados valores, em detrimento de outros.**

A criação e a efetuação de mundos possíveis passam a ser os objetos da apropriação capitalista[49]. A empresa que produz um serviço ou uma mercadoria cria um mundo, já que os produtos e serviços precisam estar inseridos nas

---

45   Ibidem, p. 100.

46   ZANETI, I. As sobras da modernidade. Porto Alegre, 2006, p. 82.

47   BAUMAN, Z. Amor líquido: sobre a fragilidade dos laços humanos. Rio de Janeiro: Jorge Zahar Ed., 2004, p. 119.

48   MATURANA, H. R.; VERDEN-ZÖLLER, G., op. cit., p. 135.

49   LAZZARATO, M., op. cit., p. 145.

almas e nos corpos dos trabalhadores e dos consumidores: "no capitalismo contemporâneo, a empresa não existe fora do produtor e do consumidor que a representam"[50]. Os alvos são nossos corações, intelectos, vontades e disposições[51].

Com a inserção de produtos e serviços nos valores, desejos e necessidades das pessoas, a busca incessante pelo lucro capitalista a qualquer preço torna-se cada vez mais concreta e natural. E a questão não está restrita a produtos e serviços. O trabalho, como ele é hoje tratado, é parte de uma engrenagem de construção de mundos e de maneiras de viver, pensar, agir e sentir. O "trabalho atua diretamente nos afetos; ele produz subjetividade; ele produz sociedade; ele produz vida"[52].

Suely Rolnik traz uma importante contribuição quando afirma que

> a vida, em sua potência de variação, constitui um dos alvos privilegiados do investimento do capitalismo contemporâneo. É no invisível que o capital irá descobrir esta sua mina inexplorada: extrair as fórmulas de criação da vida em suas diferentes manifestações será seu alvo e também a causa de sua inelutável ambiguidade. É que se, por um lado, para atingir seu alvo, lhe será indispensável investir em pesquisa e invenção, o que aumenta as chances de expansão da vida, por outro lado, não é a expansão da vida a meta de seu investimento, mas sim a fabricação e a comercialização de clones dos produtos das criações da vida, de modo a expandir o capital, seu princípio norteador. [...] Porém, não é só da vida biológica que interessa ao capitalismo extrair a fórmula, mas igualmente da vida subjetiva, na qual se produz o sentimento de si e um território de existência se configura, sem o qual dificilmente se consegue sobreviver[53].

Mas a que me refiro quando falo em subjetividade?

---

50   Ibidem, p. 99.

51   FOUCAULT, M., op. cit., p. 18.

52   HARDT, M. O trabalho afetivo. In: PELBART, P. P.; COSTA, R. D. (Ed.). O Reencantamento do concreto. Cadernos de Subjetividade. São Paulo: Editora Hucitec, 2003. p. 143-157, p. 156.

53   ROLNIK, S. Despachos no museu: sabe-se lá o que vai acontecer. In: FONSECA, T. M. G.; KIRST, P. G. (Ed.). Cartografias e devires: a construção do presente. Porto Alegre: Editora da UFRGS, 2003. p. 207-218, p. 207.

Trabalho, Valores e Subjetividade

Refletir a respeito da subjetividade nas suas conexões com o trabalho implica compreender os processos através dos quais as experiências do labor constroem e constituem modos de agir, pensar e sentir. Entendo a subjetividade, inspirado em Michel Foucault, como "a maneira na qual o sujeito faz a experiência de si mesmo nos jogos de verdade"[54]. Já a subjetivação está relacionada aos processos pelos quais essas experiências se dão[55].

A partir dessa concepção, é importante ressaltar que quando trato da subjetividade estou também tratando das diferentes possibilidades de criação e invenção de outros modos de produzir, trabalhar e viver, possibilidades estas que estão ligadas à experiência que o sujeito faz de si mesmo.

No capitalismo contemporâneo a subjetividade é um tema central, já que a produção essencial desta lógica diz respeito aos comportamentos, à nossa percepção, sensibilidade, às relações sociais, aos fantasmas imaginários, entre outros tantos aspectos. Nesse sentido, a produção de bens e mercadorias tem um papel complementar ao principal cerne do capitalismo, constituído pela gestão das formas atuais e potenciais de vida humana em suas diferentes esferas.

Alguns economistas se deram conta, nos últimos anos, que a natureza do trabalho contemporâneo solicita cada vez mais ingredientes tais como a produção de laços, a afetação recíproca e a inteligência coletiva, entendidos como a potência de vida de um coletivo, criada justamente a partir da força viva que é a subjetividade[56]. Gilles Deleuze coloca o tema de forma brilhante quando afirma que "a subjetivação é a produção dos modos de existência ou estilos de vida"[57]. Portanto, os processos de subjetivação são constituídos nas diversas formas por meio das quais os sujeitos se constroem e são construídos a partir de suas experiências de vida[58].

Em cada contexto espacial, social e temporal, os diversos significados atribuídos à existência adquirem sentido dentro de um jogo de verdades próprio. Dito de outro modo, a subjetivação se relaciona com a construção de

---

54   FOUCAULT, M. La creación de modos de vidaEstética, ética y hermenéutica. Barcelona: Paidós, 1999, p. 16.

55   TITTONI, J. Subjetivação e trabalho: reflexões sobre a Economia Solidária. In: VIII Congresso Luso-Afro Brasileiro de Ciências Sociais, setembro 2004, Coimbra. Centro de Estudos Sociais, 2004, p. 5.

56   PELBART, P. P. Da função política do tédio e da alegria. In: FONSECA, T. M. G.; KIRST, P. G. (Ed.). Cartografias e devires: a construção do presente. Porto Alegre: Editora da UFRGS, 2003. p. 69-78, p. 73.

57   DELEUZE, G., op. cit., p. 142.

58   NARDI, H. C., op. cit., p. 133.

associações-sentidos a partir das experiências histórico-culturais dos sujeitos[59].

O sujeito não é algo dado, que encontramos pronto, como um déjà-là, algo do domínio de uma suposta natureza ou essência humana. Ao contrário, a subjetividade tem natureza 'maquínica'[60], ou seja, ela é fabricada, modelada, recebida, consumida.

A subjetividade pode ser compreendida em termos de sua processualidade, de seus permanentes movimentos de vir a ser, de devir, do que virá a se constituir a partir das trocas com o que é exterior a seus poros: "subjetividade é, então, algo sempre construído, fabricado, produzido nos encontros"[61], assim como os processos construtores de subjetividade podem ser capturados por determinados modos de fazer, já que estão sempre em relação com uma trama de saberes e estratégias.

Podemos entender que existem diversas 'máquinas' produtoras de subjetividade, tais como empresas e mídias, para citar apenas dois exemplos. Mas o que mais interessa ressaltar neste ponto do trabalho é que dentro da lógica capitalista, tal como ela se apresenta hoje, a produção de subjetividade é industrial e ocorre em larga escala. Em outras palavras, são fabricados, em escala internacional, componentes voltados à construção de modos de ser, pensar, agir e sentir.

Gilles Deleuze faz uma importante colocação quando postula que os processos de subjetivação não têm a ver com a 'vida privada', mas sim com a operação pela qual indivíduos ou comunidades se constituem como sujeitos, à margem dos saberes constituídos e dos poderes estabelecidos[62].

Esses processos de subjetivação – ou de produção de subjetividade – ocorrem desde a infância e a entrada da criança no mundo das línguas dominantes e modelos imaginários e técnicos, nos quais ela deve se inserir[63]. A produção de subjetividade constitui a matéria-prima de toda e qualquer produção, mas, dentro da lógica capitalista contemporânea, são injetadas representações nas mães e nas crianças, como parte do processo de produção subjetiva[64].

Os modos de produção capitalistas não funcionam unicamente no

---

59   KIRST, P. G. Redes do olhar. In: FONSECA, T. M. G.; KIRST, P. G. (Ed.). Cartografias e devires: a construção do presente. Porto Alegre: Editora da UFRGS, 2003. p. 43-52, p. 51.

60   GUATTARI, F.; ROLNIK, S., op. cit., p. 33.

61   GIACOMEL, A. E. et al. Trabalho e contemporaneidade: o trabalho tornado vida. In: FONSECA, T. M. G.; KIRST, P. G. (Ed.). Cartografias e devires: a construção do presente. Porto Alegre: Editora da UFRGS, 2003. p. 137-148, p. 143.

62   DELEUZE, G., op. cit., p. 188-189.

63   GUATTARI, F.; ROLNIK, S., op. cit., p. 49.

64   Ibidem, p. 36.

registro dos valores de troca, mas também através de um modo de controle da subjetivação, da produção de subjetividade, das operações por meio das quais os indivíduos e grupos constroem sentidos e se constituem como sujeitos.

Desse ponto de vista, o capital funciona de modo complementar à cultura enquanto conceito de equivalência: o capital ocupa-se da sujeição econômica, e a cultura, da sujeição subjetiva – a qual não se restringe à produção e ao consumo de bens –, ambas interligadas e imbricadas[65]. É a própria essência do lucro capitalista que não se reduz ao campo da mais-valia econômica, da acumulação de moeda, mas está também e, principalmente, na tomada de poder da subjetividade.

A lógica capitalista contemporânea atua, portanto, nas ações, gestos, sentimentos, pensamentos, afetos, em todas as nossas percepções, memórias e tantas outras instâncias. Não é exagero, então, afirmar que o capitalismo fabrica, desde a mais tenra idade, os modos como falamos, aprendemos, ouvimos, amamos.

As transformações trazidas pelo capitalismo contemporâneo para a subjetividade funcionam no próprio coração das pessoas, em nossa maneira de perceber o mundo, de nos articularmos com as cidades, com os processos do trabalho e com a ordem social[66].

Não obstante, essa lógica contribui para a produção e reprodução das relações que estabelecemos com o corpo, com a alimentação, com a 'natureza', com o que consideramos passado, presente e futuro. Em suma, "ela fabrica a relação do homem com o mundo e consigo mesmo"[67], fazendo com que criemos e reforcemos a ideia de que as coisas 'são assim', de que o mundo 'é assim' e, principalmente, de que não há como organizarmos a vida de outras maneiras.

Políticas de subjetivação mudam de acordo com os regimes, já que eles dependem da construção de subjetividade para serem viabilizados, ganharem consistência e concretude no cotidiano de todos, de cada um[68]. Nesse sentido, vale ressaltar mais uma vez que, no capitalismo contemporâneo, a produção de subjetividade passa a ser um princípio desta lógica. É fundamentalmente das forças subjetivas, especialmente as de conhecimento e criação, que a lógica capitalista contemporânea se alimenta, motivo pelo qual alguns falam em

---

65   Ibidem, p. 21.

66   Ibidem, p. 34.

67   Ibidem, p. 51.

68   ROLNIK, S. Cartografia sentimental: transformações contemporâneas do desejo. Porto Alegre: Sulina; Editora da UFRGS, 2006, p. 13-14.

'capitalismo cognitivo'[69],[70],[71].

O capitalismo cognitivo se pauta em uma lógica de operações perversa, cujo objetivo é o de fazer da potência humana de criação e de conhecimento o principal combustível de sua insaciável máquina de produção e acumulação de capital. Justamente pelo fato de colocar essas forças humanas para trabalhar em função de seus objetivos, o capitalismo exerce o que Suely Rolnik chama de uma 'geopolítica da cafetinagem'[72].

Vivemos e construímos sociedades cujo objetivo maior se resume à produção e acumulação de capital. Não é fácil sequer notar que é cada dia mais difícil criar e construir **múltiplas** maneiras de viver, sentir e pensar a partir da sensibilidade às experiências que vivemos, igualmente múltiplas.

Os estímulos majoritários hoje caminham na direção de construirmos maneiras de sentir, viver, pensar e agir apenas e tão somente a partir de referenciais previa e externamente elaborados, os quais nem sempre estão centrados na reprodução da vida humana em suas mais diversas formas.

Nas sociedades contemporâneas, as empresas fazem todos os modos de vida e todos os processos de criação do novo dependerem da lógica de valorização capitalista. As empresas têm almas e o marketing tornou-se o centro estratégico dessas organizações, contribuindo para que vivamos em sociedades que se caracterizam pela multiplicação da oferta de 'mundos', sejam eles de consumo, de informação, de trabalho ou de lazer[73]. Entretanto, se tratam "de mundos lisos, banais, formatados, porque são mundos da maioria"[74], não se tratando dos mundos dos possíveis a partir da valorização da sensibilidade com a qual vivemos e passamos por diversas experiências.

Diante de mundos normalizados e de referenciais previamente elaborados, nossa 'liberdade' é exercida exclusivamente para escolher dentre possíveis que outros instituíram e conceberam: "ficamos sem o direito de participar da construção dos mundos, de formular problemas e de inventar soluções, a não ser no interior de alternativas já estabelecidas"[75]. Essa é uma condição para

---

69   LAZZARATO, M.; NEGRI, A. Trabalho imaterial: formas de vida e produção da subjetividade. Rio de Janeiro: DP&A, 2001.

70   COCCO, G. Trabalho e cidadania: produção e direitos na era da globalização. 2. ed. São Paulo: Cortez, 2001.

71   GALVÃO, A. P. et al. (Eds.) Capitalismo cognitivo: trabalho, redes e inovação. Rio de Janeiro: DP&Aed. 2003.

72   ROLNIK, S., op. cit, p. 18.

73   LAZZARATO, M., op. cit., p. 101.

74   Idem.

75   Ibidem, p. 101-102.

formar uma sólida força de trabalho e de controle social e que por isso "está se instalando um poderoso complexo de equipamentos coletivos que centralizam a distribuição de sentidos e valores"[76], os quais progressivamente são tomados por nós como referência e internalizados como nossos próprios.

Em mundos nos quais o trabalho (emprego) ocupa um lugar central para a sobrevivência das pessoas, e estas são levadas a acreditar que ele está disponível quase que exclusivamente em grandes empresas, chega-se ao ponto de considerar um privilégio ser empregado de alguma empresa privada multinacional de grande porte.

Em um mundo no qual a competição é um valor-chave, é amplamente difundida a crença que a superioridade e o privilégio são símbolos de status.

O privilégio continua sendo a virtude suprema na busca das pessoas rumo à terra prometida do sucesso: "fazer de si um best-seller ou pelo menos um garantido, sempre por dentro e, se possível, por cima"[77]. Para isso, grande parte da população não mede esforços: desde os exercícios físicos, passando pelos tratamentos alternativos e programas de emagrecimento, até as intervenções cirúrgicas de finalidade estética.

Nem mesmo professores estão imunes a isso. Parece cada dia mais comum e natural que o bom professor seja justamente aquele que saia melhor nos rankings competitivos entre os colegas de profissão.

Para ser bom é preciso publicar mais, em meios de divulgação reconhecidos como os melhores, e preferencialmente antes dos demais pares. Não importa como isso ocorre nem muito menos que meios utilizam para tal. O que importa é o resultado.

O mais sintomático é que esse tipo de julgamento não é feito apenas por entes governamentais ou agências financiadoras: a cada dia mais professores e professoras internalizam esses valores competitivos como **naturais** e passam a julgar a si próprios com base nesses valores.

É interessante reparar como a culpabilização é uma função capitalista[78] e tem grande importância na maneira como vivemos hoje. Sempre nos deparamos com imagens de referência (homem de sucesso, empresário bem sucedido, marido dedicado, bom pai, entre outras tantas) a partir das quais nos questionamos quem somos, como seremos classificados pela sociedade e inclusive se somos bons o suficiente.

É veiculada a ideia de que somos os únicos responsáveis pelo nosso 'sucesso' ou 'fracasso'. Estamos sempre em falta, sempre carentes, sempre

---

76   ROLNIK, S., op. cit., p. 91-92.

77   ROLNIK, S., op. cit., p. 184.

78   GUATTARI, F.; ROLNIK, S., op. cit., p. 49.

desejando algo que ainda não atingimos: sempre vivendo em função de imagens, metas e objetivos que construímos principalmente a partir de imagens valorizadas pela mídia.

Essas imagens são elaboradas por outras pessoas e difundidas e nos oferecidas pelos mais variados meios. Elaboradas por outros e consumidas por nós. Internalizados e naturalizados como nossos, mas muito pouco relacionados à nossa sensibilidade. E quando não atingimos essas metas, muitas vezes inatingíveis, nos sentimos culpados.

Se não conseguimos ter os corpos das mulheres mais lindas e malhadas, nem os empregos dos executivos e donos de empresas que aparecem nas capas de revistas de negócios, nem muito menos ser um amante tão potente quanto as propagandas mostram, isso é tudo **nossa culpa!** E cada dia parece mais difícil inventar caminhos que questionem essa direção e construam outras formas de viver.

Questionar os valores dominantes da lógica capitalista e/ou cultivar valores diferentes destes no nosso cotidiano exige um esforço redobrado. Muitas vezes somos estimulados a pensar que o melhor a fazer é nos calarmos e interiorizar os valores que são considerados como os mais desejáveis para nós, a partir de outrem.

Portanto, mais do que uma sujeição unicamente econômica, falamos de uma sujeição subjetiva, de acordo com a qual cada vez mais valores, sentidos, metas, objetivos, comportamentos, modos de perceber, sentir, ver e agir empresariais são naturalizados e internalizados como da população, passando a fazer parte de seus próprios desejos.

Considero desejo, dentro desta obra, como "todas as formas de vontade de viver, de vontade de criar, de vontade de amar, de vontade de inventar uma outra sociedade, outra percepção do mundo, outros sistemas de valores"[79]. Convém ressaltar que embora de acordo com o capitalismo contemporâneo o desejo seja visto como relacionado ao prazer e dissociado do 'real' e 'eficaz', busco inspiração nessa concepção supramencionada para questionar sobre outras maneiras de ver e agir, sobre meios de fabricar outras realidades e outros referenciais.

É por meio dos desejos que os mundos são construídos: "não existe sociedade que não seja feita de investimentos de desejo nesta ou naquela direção, com esta ou aquela estratégia"[80]; o desejo corresponde ao desenho de novas configurações no campo social, sendo a própria produção do real social. O desejo é sempre o modo de produção de algo, o desejo é sempre o modo

---

79   GUATTARI, F.; ROLNIK, S., op. cit., p. 260-261.

80   ROLNIK, S., op. cit., p. 58.

de construção de algo[81].

Mas para onde a lógica capitalista busca que os desejos caminhem? Como eles estão sendo construídos? Todas as pessoas estão sendo convertidas em força de trabalho, sob o medo de não conseguirem os meios para a sobrevivência mais imediata, ao disporem de empregos cada vez menos estáveis. E cada vez que se muda de emprego, muda-se igualmente de referenciais. As pessoas estão, como nunca, expostas a encontros, a afetar e serem afetadas de todos os lados e de todas as maneiras, a se desterritorializarem.

O processo chamado por Suely Rolnik de desterritorialização ocorre quando o conjunto do território existencial de cada pessoa ou grupo se reorganiza, em um processo no qual os gestos, jeitos, procedimentos, expressões de rosto e palavras tornam-se obsoletos. Em um mundo no qual esse processo passa a ocorrer com uma rapidez cada vez maior, as pessoas passam a ter que dedicar seu tempo e seu dinheiro para tentar administrá-lo: "mal conseguem se arrumar de um lado e, de outro, já se desarrumam inteiramente"[82].

Em prol da adequação a modelos prontos, padronizados e difundidos, os estímulos caminham na direção de fazer com que cada um ignore por completo aquilo que é da ordem do invisível, do sensível. Mais que isso, não só não sabemos o que fazer com os afetos como, o que é pior, ficamos aterrorizados de angústia pelos medos todos de lidar com eles[83].

Todo social é produzido com a ajuda de uma multiplicidade de pessoas, que agem umas sobre as outras, propagando hábitos corporais e mentais. A construção de maneiras de sentir é anterior ao funcionamento da economia e por isso Maurizio Lazzarato, como já mencionado anteriormente, considera o capitalismo como uma produção de modos de existência e não apenas como um modo de produção de bens e serviços. Entretanto, se por um lado o desenvolvimento dessa subjetividade capitalista massificante traz uma série de problemas e perigos à humanidade, por outro lado ele traz imensas possibilidades de desvio e de reapropriação.

Os afrontamentos sociais não são mais apenas de ordem econômica, mas também entre as diferentes maneiras pelas quais os indivíduos e grupos entendem viver sua existência[84]. Portanto, a luta não está mais restrita ao plano da economia política, mas focada na economia subjetiva.

É urgente a efetuação de instrumentos de valorização fundados em produções existenciais que não podem ser determinadas apenas por um lucro

---

81   GUATTARI, F.; ROLNIK, S., op. cit., p. 260-261.

82   ROLNIK, S., op. cit., p. 87-88.

83   Ibidem, p. 185.

84   GUATTARI, F.; ROLNIK, S., op. cit., p. 53.

esperado. A noção de interesse coletivo deve englobar iniciativas que, ainda que não tragam um 'retorno' no curto prazo, carreguem enriquecimentos para a humanidade e construam diferentes valores existenciais.

Essa promoção de valores existenciais e de valores de desejo não se apresentará como uma alternativa global, constituída de uma vez por todas, mas resultará de um deslocamento generalizado dos atuais sistemas de valor e da aparição de novos polos de valorização[85].

Se parece cada dia mais claro que necessitamos de uma grande reconstrução dos mecanismos sociais para confrontarmos a lógica capitalista, esta reconstrução se trata menos de reformas de elite, programas burocráticos ou legais, mas principalmente de construir e promover práticas inovadoras centradas no respeito a singularidades que adquirem autonomia e ao mesmo tempo se articulam ao resto da sociedade[86].

Como já afirmei, são inúmeras as técnicas, ferramentas e processos de subjetivação capitalistas e a maioria dos estímulos vai em direção à generalização, naturalização e valorização de princípios como o individualismo e a competição.

Há, ainda, poucos trabalhadores que se revoltam contra o modo de organização do trabalho, a hierarquia, a concepção da relação entre trabalho e lazer[87] e, no entanto, há cada vez mais uma desadaptação entre as formas de trabalho e a (re)produção da vida.

A revolta não é tratada aqui como algo negativo, mas sim como um movimento de pessoas que não estão mais dispostas a suportar determinadas situações e/ou determinada servidão. Se revoltar é necessário para quebrar com aquilo com o que não se aguenta mais suportar. Se revoltar é infligir distorções aos clichês[88]: "a revolta é a reivindicação apaixonada de um valor essencial ao homem"[89]. E é justamente ela que pode nos preservar da contaminação do absurdo, constituindo a fonte do nosso próprio ser e fundando o valor da existência humana.

Ainda que em minorias numéricas, existem iniciativas que parecem construir diferentes modos de trabalhar e de produzir; que parecem estar pautadas em diferentes valores daqueles hoje dominantes; e que dão sinais de buscarem valorizar diagramas de referências diferentes. Enfim, que parecem

---

85   GUATTARI, F., op. cit., p. 51.

86   Ibidem, p. 43-44.

87   GUATTARI, F.; ROLNIK, S., op. cit., p. 143-144.

88   KRISTEVA, J. Sentido e contra-senso da revolta: poderes e limites da psicanálise. Rio de Janeiro: Rocco, 2000.

89   CHAGAS, W. Mundo e contramundo. Porto Alegre: Editora da UFRGS, 1972, p. 69.

caminhar em outras direções, colocando problemas que dizem respeito não somente a elas próprias, mas a toda a sociedade.

Miradouro de Santa Iria
Vista da Ilha de São Miguel
Açores, Portugal
16 de maio de 2009
Foto: Igor Vinicius Lima Valentim

2 Origens e histórico da Economia Solidária

A Economia Solidária (ES) tem origens de difícil demarcação, mas tem sido debatida no Brasil e na literatura francófona, com esta nomenclatura, desde a década de 1990. Na França, o conceito é elaborado, sobretudo, a partir das pesquisas desenvolvidas no Crida (do francês *Centre de Recherche e d'Information sur la Démocratie et l'Autonomie*) sob a coordenação de Jean-Louis Laville, visando dar conta do fenômeno de proliferação de iniciativas socioeconômicas diversas[1].

No contexto europeu, a Economia Solidária surge, de acordo com João Roberto Lopes Pinto[2], como contraponto à noção de Economia Social, afirmando a necessária autonomia e dimensão política das estratégias econômicas de inserção social[3].

---

1   FRANÇA FILHO, G. C.; LAVILLE, J.-L. A Economia Solidária: uma abordagem internacional. Porto Alegre: Editora da UFRGS, 2004, p. 109.

2   PINTO, J. R. L. Economia Solidária: de volta à arte da associação. Porto Alegre: Editora da UFRGS, 2006, p. 30.

3   FRANÇA FILHO, G. C.; LAVILLE, J.-L., op. cit.

Já no Brasil, a introdução do termo Economia Solidária é atribuída[4] a Paul Singer, inicialmente no artigo 'Economia Solidária contra o desemprego', publicado na Folha de São Paulo, em 11 de julho de 1996. Também têm sido elaborados outros conceitos similares à ES, tais como Socioeconomia Solidária[5],[6] Economia Popular Solidária[7] e Economia Social[8],[9], para citar apenas alguns deles.

Em artigo intitulado "Para uma economia solidária – a partir do caso português", Rui Namorado[10] considera que a Economia Solidária deve ser encarada como uma expressão sinônima de Economia Social. Entretanto, este texto de Namorado é exclusivamente de cunho teórico, não investigando a respeito de nenhuma experiência portuguesa ligada à ES.

Tendo em vista que não é foco desta obra uma discussão pormenorizada a respeito dos contrastes entre essas diferentes elaborações conceituais, destaco que mesmo sendo voltadas à reflexão de um fenômeno social muitas vezes semelhante, todas apresentam diferenças entre si.

Mediante consulta às referências aqui citadas, os leitores que desejarem se aprofundar nesta discussão conceitual encontrarão material suficiente para ao menos iniciar tal empreitada. Foco aqui no conceito de Economia Solidária por considerar que este é o que mais vem sendo utilizado para dar nome ao fenômeno social em questão nas últimas décadas, tanto no Brasil quanto em Portugal.

Despertando crescente interesse entre os acadêmicos, os debates e pesquisas sobre a ES vêm se expandindo para diversos países. Em 2005, ocorreu na Região Autônoma dos Açores o primeiro congresso português dedicado à temática da ES.

Em outubro de 2007 as Filipinas sediaram o primeiro Fórum Asiático de ES e, em 2008, foi realizado em Coimbra um seminário focado na Economia

---

4   PINTO, J. R. L., op. cit., p. 27-28.

5   ARRUDA, M. Socioeconomia solidária: desenvolvimento de baixo para cima. Rio de Janeiro: Ed. PACS, 1998.

6   LISBOA, A. D. M. Economia Solidária e autogestão: imprecisões e limites. Revista de Administração de Empresas – RAE, v. 45, n. 3, p. 109-115, julho/setembro 2005.

7   BERTUCCI, A. A.; SILVA, R. M. A. Vinte anos de economia popular solidária: trajetória da Cáritas Brasileira dos PACs à EPS. Brasília: Cáritas Brasileira, 2003.

8   FERREIRA, J. M. C. O papel do cooperativismo no desenvolvimento da economia social em Portugal. Verve, n. 2, p. 88-122, out 2002.

9   NAMORADO, R. A Economia Social - Uma constelação de esperanças. Oficina do CES, n. 213, 2004. Disponível em: http://www.ces.uc.pt/publicacoes/oficina/213/213.pdf. Acesso em: 27 ago 2005.

10   NAMORADO, R. Para uma economia solidária - a partir do caso português. Revista Crítica de Ciências Sociais, n. 84, 2009, p. 65-80.

Solidária. Já em março de 2009 os Estados Unidos da América (EUA) realizaram seu primeiro fórum dedicado à mesma temática (*Solidarity Economy*, na acepção estadunidense), após constituírem ainda em 2008 uma rede voltada ao tema (USSEN ou *United States Solidarity Economy Network*).

Mesmo o conceito de ES possui concepções diversas nessas diferentes regiões geográficas (e muitas vezes dentro de um mesmo país). A versão[11] dos EUA sobre a ES considera que ela é um quadro alternativo de referências voltado ao desenvolvimento econômico que está ancorado nos princípios da solidariedade, igualdade em todas as dimensões, democracia participativa, sustentabilidade e pluralismo.

Ainda de acordo com a rede USSEN, a ES está em processo de construção, rejeita soluções massificadas do tipo 'uma para todos os problemas' (do inglês *one-size fits all*) e busca a transformação ao invés de soluções de remendo[12].

Paul Singer, discorrendo sobre a realidade brasileira, a ES surgiu historicamente como reação contra as injustiças perpetradas por aqueles que impulsionam o desenvolvimento capitalista, um desenvolvimento que não é para todos. Ainda de acordo com ele, "a ES não pretende opor-se ao desenvolvimento, que mesmo sendo capitalista, faz a humanidade progredir"[13].

A necessidade das pessoas encontrarem maneiras próprias de criar trabalho e renda como forma de sobrevivência – juntamente com o desemprego – faz com que a Economia Solidária apareça como a solução para uma enorme quantidade de pessoas que não encontra mais espaço na economia capitalista[14].

Ainda que não se possa afirmar que se trata de um fenômeno novo, é perceptível, especialmente nas últimas duas décadas, o crescimento do número de pessoas que, antes lutando sozinhas ou quase exclusivamente por conta própria pela sobrevivência, progressivamente se organizam coletivamente, sob a nomenclatura da Economia Solidária.

É importante ressaltar que esse conceito foi criado por acadêmicos e é reconhecido majoritariamente entre profissionais da Academia, organizações consideradas pertencentes ao Terceiro Setor (tais como organizações não-governamentais – ONGs) e no seio da gestão pública.

A Secretaria Nacional de Economia Solidária foi criada em 2003 pelo Estado brasileiro, dentro do Ministério do Trabalho e Emprego (SENAES/MTE),

---

11 USSEN. The U.S. Solidarity Economy Network (SEN), 13 nov 2008.

12 Idem.

13 SINGER, P. Desenvolvimento capitalista e desenvolvimento solidário. Estudos Avançados, v. 18, n. 51, p. 7-22, maio/agosto 2004, p. 11.

14 SINGER, P. A economia solidária vista a partir dos países do sul: Economia solidária no Brasil. In: Actas do Congresso internacional de economia solidária, Ponta Delgada. Centro de Estudos de Economia Solidária do Atlântico, 2005. p. 131-139, p. 133.

para ser a responsável pelas políticas públicas relativas a essa outra economia em âmbito federal. De acordo com esta instância governamental, a partir de dados presentes na última versão do Atlas da Economia Solidária e coletados em um mapeamento em todo o Brasil, já se contabilizam mais de 21 mil organizações de Economia Solidária[15].

Uma questão a ser levada em conta é que muitas das organizações consideradas como de ES por diversos atores sociais – tais como Universidades, empresas do chamado Terceiro Setor e instituições estatais – não se consideram como tal. Em muitos casos, sequer conhecem o conceito 'Economia Solidária'.

As associações e cooperativas que hoje são denominadas como de ES antecedem a qualquer esquema teórico. Além disso, esse conceito nem sempre é conhecido e apropriado pelos trabalhadores dessas organizações, os quais, muitas vezes por iniciativa própria, organizam-se em formas de trabalho que são anteriores ao que, agora, este 'novo' conceito busca denominar ou projetar[16].

Nesse sentido, comentando a respeito da experiência da Cooperativa de Novos Valores Ltda. (Coopernova), alguns pesquisadores[17] já afirmaram que as próprias pessoas que dela fazem parte não conhecem e/ou não consideram relevante o conceito de ES. De acordo com estes autores, quando perguntadas sobre o que entendem, onde apreenderam e/ou onde ouviram 'Economia Solidária' pela primeira vez, as pessoas entrevistadas afirmaram não terem tido nenhum tipo de formação a respeito da temática.

No sentido do exposto acima, parece ainda existir uma grande distância entre, de um lado, a Economia Solidária como classificação atribuída por acadêmicos e/ou por entidades estatais e, de outro lado, o reconhecimento efetivo como parte deste movimento pelos membros das diversas associações e cooperativas teoricamente 'reconhecíveis' como pertencentes à ES.

É importante, então, atentar para o fato de que a ES é tratada, entendida e operacionalizada de formas diversas, de acordo com cada ator social. Ela pode ser, simultaneamente, política pública, movimento social, tema de interesse econômico/financeiro, conceito acadêmico, entre outras acepções. E mesmo dentro de cada uma dessas possibilidades, a ES engloba ainda diversidades muitas vezes inconciliáveis.

---

15   SENAES. O que é Economia Solidária, 11 jul 2009. Ministério do Trabalho e Emprego, 2009.

16   KRAYCHETE, G. Economia popular solidária: sustentabilidade e transformação social. 2006, p. 11. Disponível em: http://www.capina.org.br. Acesso em: 10 março 2010.

17   BEIERSDORFF, M. B. et al. Educação e trabalho através da Economia Solidária. In: Anais do IV Encontro de Economia Solidária, São Paulo. EDUSP, 2006, p. 14-15.

Quem faz parte da Economia Solidária?

Não existe consenso quanto a que organizações podem ser consideradas como pertencentes à Economia Solidária, já que tampouco há uniformidade de entendimento sobre o que o conceito engloba e rotula.

Busco coadunar a multiplicidade da ES, tentando dar foco aos diálogos do conceito com aqueles que obtêm seu sustento diário ao pertencerem e trabalharem em organizações deste tipo.

Na acepção aqui adotada, a ES engloba iniciativas relacionadas, em sua maioria, à geração de trabalho e renda. Seus exemplos variam desde associações de catadores de lixo até cooperativas formadas por trabalhadores que assumiram o controle de indústrias falidas ou em processo de falência.

Essas iniciativas se estruturam por diferentes razões e possuem uma pluralidade de configurações organizacionais, modos de gestão e formas de lidar com as mais diversas incertezas e imprevistos, próprios da vida. Apresentam variáveis graus de institucionalização e, em grande parte delas, visualiza-se uma extrema preponderância da oralidade nas relações interpessoais e coletivas[18].

Uma característica distintiva das organizações consideradas como de ES é que elas se baseiam[19] em valores como a solidariedade, a autogestão, a participação e o igualitarismo, diferentes daqueles que subjazem à lógica capitalista.

A Economia Solidária pode ser compreendida como uma forma de organizar as atividades econômicas em contraste com a forma predominante capitalista[20], já que teoricamente possui uma gestão econômica democrática e, consequentemente, também de igualdade entre todos os participantes. Ou seja, todos os que trabalham nelas são, ao menos em teoria, igualmente proprietários do empreendimento.

Se a literatura sobre a ES considera que os membros dessas organizações lutam coletivamente em prol de formas mais humanas de trabalhar, se relacionar e viver, baseados em princípios diferentes daqueles da lógica capitalista, é fundamental salientarmos que esses valores não devem ser entendidos como dados ou perenes.

---

18   VALENTIM, I. V. L. Economia Popular e Solidária no Brasil: uma questão de confiança interpessoal. In: XXIX Encontro da Associação Nacional de Pós-graduação e Pesquisa em Administração, Brasília. ANPAD, 2005.

19   SINGER, P. A recente ressurreição da economia solidária no Brasil. In: SANTOS, B. D. S. (Ed.). Produzir para viver: os caminhos da produção não capitalista. Lisboa: Edições Afrontamento, 2003. p. 71-107.

20   SINGER, P. A economia solidária vista a partir dos países do sul: Economia solidária no Brasil. In: Actas do Congresso internacional de economia solidária, Ponta Delgada. Centro de Estudos de Economia Solidária do Atlântico, 2005. p. 131-139, p. 138.

Concordo com Gabriel Kraychete quando ele afirma[21] que não se trata de idealizar os empreendimentos de ES como se fossem regidos por valores e práticas assentados exclusivamente em relações de solidariedade, as quais se constituiriam na motivação determinante dos seus integrantes para a organização e gestão cotidianas destas organizações.

O dia a dia em sociedades nas quais a lógica capitalista é dominante apresenta inúmeras dificuldades para a operacionalização de valores como os citados nos parágrafos anteriores.

É salutar pontuar que esses valores são sinônimos de tensão e que eles podem ser mais bem compreendidos como alvos de uma busca, de uma luta diária, do que como valores-base, dados, continuamente visíveis. Por isso, assim como Selda Engelman[22], procuro não entender a ES como um modelo, mas como projetos de organizações que se desenvolvem segundo valores tais como a cooperação e a solidariedade. **Em busca de** valores como estes.

Dito de outro modo, no concreto e contínuo embate com expressões da lógica capitalista, a Economia Solidária englobaria então iniciativas que conseguem buscar, ter como um 'norte', e em muitos momentos desenvolver valores como a solidariedade, o igualitarismo e a autogestão, ainda que em contínua tensão com aqueles subjacentes à lógica capitalista.

Portanto, é importante ressaltar que **a Economia Solidária pode ser compreendida como um conceito-movimento que diz respeito a iniciativas coletivas que buscam, em contínua tensão, valores como a solidariedade, o igualitarismo e a autogestão, distintos daqueles capitalistas, ainda que as expressões e sentidos destes próprios valores sejam diversos em suas múltiplas manifestações.**

O desejo por buscar esses valores parece ser mais fundamental para o entendimento da ES do que o julgamento de sua suposta efetividade visível. Mais rico talvez seja não olhar exclusivamente para o que é feito, mas principalmente para as maneiras como se faz. Nas palavras de Cleide Leitão,

> a diferença então está no caminhar, nos passos dados que aos poucos vão abrindo outros atalhos, outros caminhos para os viajantes que se aventuram a trilhar por eles. Assim, a diferença fundamental está na leitura que fazemos dessas contribuições, nos sentidos e significados que a elas atribuímos e no uso que dela fazemos. [...] são tantas as formas possíveis de olhar, perceber, sentir o que as práticas

---

21 KRAYCHETE, G., op. cit., p. 14.

22 ENGELMAN, S. Trabalho e loucura: uma biopolítica dos afetos. Porto Alegre: Sulina; Editora da UFRGS, 2006, p. 10.

> múltiplas, diferenciadas, plurais e singulares, tecem e retecem pelas astúcias e táticas daqueles que as praticam criando outras apropriações e usos para o que, em um primeiro olhar, pode pretender ser totalizador[23].

Não existe consenso acerca do entendimento e tratamento da ES como representante de iniciativas que vão contra a lógica capitalista. Santos e Rodriguez[24] consideram que se trata de empreender reformas e iniciativas que surjam dentro do sistema capitalista em que vivemos, mas que facilitem e deem credibilidade a formas de organização econômica e de sociabilidade não capitalistas.

Eugênia Motta traz uma contribuição a partir de pesquisas vividas[25] na Economia Solidária. Para ela, o que esta outra economia traz de original é justamente uma forma particular de organizar elementos já existentes, como as experiências de educação popular, a ação da igreja católica junto a comunidades, as propostas de emprego autogeridas, o cooperativismo, entre outros.

Já França Filho e Laville[26] postulam que a ES não pode ser considerada uma nova forma econômica, mas que ela representa uma tentativa inédita de articulação com a economia capitalista 'tradicional'. Para eles, essas organizações não se enquadram completamente no escopo de uma organização capitalista, mas também não representam um rompimento real com esse paradigma. De acordo com esses dois autores, a inovação nos serviços solidários apoia-se no recurso ao princípio de comportamento da reciprocidade, "que conduz o processo de interações através das quais os serviços são elaborados"[27].

Paul Singer[28] é categórico quando afirma que a Economia Solidária "é uma criação em processo contínuo feita pelos trabalhadores lutando contra o capitalismo". A ES tratar-se-ia de uma forma social de produção que historicamente se desenvolve contestando a organização capitalista do

---

23   LEITÃO, C. F. Cartografia de imagens de práticas solidárias. In: Anais do VIII Congresso Luso-Afro-Brasileiro de Ciências Sociais, Coimbra. Centro de Estudos Sociais, 2004, p. 5-6.

24   SANTOS, B. D. S.; RODRÍGUEZ, C. Introdução: para ampliar o cânone da produção. In: SANTOS, B. D. S. (Ed.). Produzir para viver: os caminhos da produção não capitalista. Lisboa: Edições Afrontamento, 2003. p. 21-66, p. 26-27.

25   MOTTA, E. D. S. M. A "Outra Economia": um olhar etnográfico sobre a Economia Solidária. (2004). Dissertação de Mestrado (Mestrado em Antropologia Social) - Museu Nacional / PPGAS, Universidade Federal do Rio de Janeiro, Rio de Janeiro, 2004, p. 64.

26   FRANÇA FILHO, G. C.; LAVILLE, J.-L., op. cit.

27   FRANÇA FILHO, G. C.; LAVILLE, J.-L., op. cit., p. 105.

28   SINGER, P. Economia socialista. In: SINGER, P.; MACHADO, J. (Ed.). Economia socialista: socialismo em discussão. São Paulo: Fundação Perseu Abramo, 2000. p. 11-50, p. 13.

trabalho[29]. O propósito dessa outra economia seria o de tornar o desenvolvimento mais justo, repartindo seus benefícios e prejuízos de forma mais igual e menos casual.

Entretanto, discordo de Singer que essa possa ser 'a causa' do 'movimento Economia Solidária'. Dentro do escopo deste trabalho, considero que no desenrolar de um movimento, nosso pensamento e nossas ações não têm necessariamente início em uma contraposição, mas emergem em um conjunto de forças entre as quais existem oposições.

Dito de outra maneira, um movimento não surge necessariamente da crítica a um outro (como o capitalismo para dar um exemplo), o que não impede que possamos compará-los nas suas incompatibilidades. Nesse sentido, as experiências, inclusive aquelas consideradas como de ES, são pontos de criação de sentido[30] e não reflexo de uma realidade que está em outro lugar, como um capitalismo que seria externo a todos nós.

A lógica capitalista estimula o sofrimento e privações para muitas pessoas. Entretanto, supor que a construção de um movimento como a ES ocorre em oposição a esta lógica como 'a causa', seria sinônimo de não respeitar a multiplicidade de sentidos construídos pelas pessoas que fazem parte desta outra economia.

Muitas das organizações de Economia Solidária, ao buscarem valores e princípios mais voltados à vida do que aqueles que norteiam a lógica hoje dominante, podem representar alternativas viáveis e reais a ela. Isto não implica dizer que não encontrem significativas dificuldades de consolidação por estarem inseridas e terem de competir a todo o momento com empresas, valores, comportamentos e estímulos capitalistas.

As iniciativas de ES congregam não apenas diversos tipos de atividades, mas pessoas com diferentes formações, pensamentos, perspectivas ideológicas e motivações. Desta forma, estas organizações refletem no cotidiano, em grande medida, as histórias de vida não apenas de seus fundadores, mas também de seus membros. Neste sentido, os estilos, personalidades, valores e modos de ser, principalmente de seus líderes, possuem significativo impacto na sua rotina e no seu funcionamento[31].

Mesmo sendo uma tarefa difícil e complexa para uma organização atuar de maneira contrária ao paradigma econômico capitalista, também não

---

29   SINGER, P. A economia solidária vista a partir dos países do sul: Economia solidária no Brasil. In: Actas do Congresso internacional de economia solidária, Ponta Delgada. Centro de Estudos de Economia Solidária do Atlântico, 2005. p. 131-139.

30   ROCHA, M. L. D.; AGUIAR, K. Pesquisa-intervenção e a produção de novas análises. Revista Psicologia Ciência e Profissão, n. 4, p. 64-73, 2003, p. 67.

31   VALENTIM, I. V. L., op. cit.

é necessário que se entregue a ele[32]. Deve ser valorizada a questão da luta social, principalmente por propor alternativas para mudar o quadro. Santos e Rodríguez[33] seguem essa linha e consideram que insistir na viabilidade de alternativas não implica em uma aceitação do que existe.

É importante postular que a ES engloba, como dito anteriormente, uma pluralidade de formas. Suas organizações devem ser tratadas como elas se apresentam no campo, e qualquer tentativa de delimitação se mostraria totalizadora, excludente e normativa.

Talvez um passo fundamental seja o de ter permanente cuidado em não cair-se na armadilha de avaliar as iniciativas de ES tendo como base a comparação e a competição com os indicadores de êxito que orientam a lógica capitalista. Por isso discordo fortemente de que

> seguidamente, a desvantagem da empresa solidária deve-se a sua **defasagem tecnológica** e ao seu **despreparo técnico-profissional**, em termos das competências já adquiridas e em capacidade de inovação. **Acostumados ao trabalho braçal, pouco qualificado, e imbuídos de uma "cultura de firma", de empregado que segue prescrições**, os novos empreendedores necessitam lidar agora com o mundo desconhecido da administração cotidiana e da gestão de longo prazo[34].

Comparar organizações de Economia Solidária com aquelas capitalistas ou avaliar as primeiras de acordo com os pressupostos das últimas não traria nada além de rebaixá-las ou tentar embricá-las ainda mais dentro dessa lógica desumana. Outro exemplo nesta linha é trazido pelo mesmo autor quando ele afirma que

> não obstante o **débil poder de barganha da maioria absoluta das empresas de Economia Solidária**, mesmo naquelas amarradas a situações de terceirização, o esforço vai [...] no sentido de amenizar o quadro de dependência, de **alcançar um melhor posicionamento competitivo**, no interior da cadeia produtiva e diante do comprador final[35].

Será que por vivermos uma lógica dominante baseada na competição a única solução que nos resta é procurar mergulhar nesta competição em busca

---

32   CASTEL, R. As metamorfoses da questão social. Petrópolis: Vozes, 1998.

33   SANTOS, B. D. S.; RODRÍGUEZ, C., op. cit., p. 23.

34   GAIGER, L. I. A economia solidária no Brasil e o sentido das novas formas de produção não capitalistas. CAYAPA - Revista Venezolana de Economía Social, n. 8, p. 9-37, dezembro 2004, p. 26, grifo meu.

35   GAIGER, L. I., op. cit., p. 21, grifo meu.

da vitória e do sucesso? Que riscos entendimentos como estes trazem para organizações que podem apresentar outros valores e outras lógicas? É deveras preocupante considerar que a ES é uma 'economia de pobres':

> [a]dentrando a natureza dos empreendimentos de Economia Solidária, a conclusão essencial está no fato de que eles propiciam, em alguns casos, a existência de relações sociais antagônicas ao capitalismo e, em muitos casos, preservam ou revitalizam relações sociais não capitalistas, **fundamentais para a vida dos pobres** e para os indivíduos que vivem do seu trabalho[36].

Acredito que é justamente porque nos permitimos sonhar, a partir das intensidades vividas nos diversos encontros que temos, que nos abrimos e produzimos objetos e modos de subjetivação correspondentes: é isso que nos permite viver o encontro, torná-lo real[37].

Não entendo a ES de maneira tão radical quanto Singer quando ele afirma que essa outra economia se compõe das empresas que efetivamente praticam a autogestão sem, no entanto, se confundir com as cooperativas que empregam assalariados[38].

Diversos dos mais de vinte e um mil empreendimentos de Economia Solidária catalogados no último mapeamento da Secretaria Nacional de Economia Solidária[39] do governo brasileiro empregam, em escalas variáveis, trabalhadores assalariados. Porém, pode ser esse fato, por si só, suficiente para descaracterizar determinada organização como pertencente ao movimento da ES? Creio que não!

No cotidiano das lutas pela sobrevivência em um mundo dominado pela lógica capitalista, algumas das organizações que contam com poucos assalariados, principalmente quando isso ocorre em caráter temporário, podem buscar ativamente valores solidários e voltados para a vida.

Parece razoável que não se fale em Economia Solidária quando lidamos com as chamadas 'coopergatos'[40], ou seja, cooperativas criadas com o intuito de aproveitarem as características legais desta forma jurídica, mas que baseiam todas as suas atividades em trabalho assalariado, realizado a serviço

---

36   GAIGER, L. I., op. cit., p. 27, grifo meu.

37   ROLNIK, S. Cartografia sentimental: transformações contemporâneas do desejo. Porto Alegre: Sulina; Editora da UFRGS, 2006, p. 45-46.

38   SINGER, P. A recente ressurreição da economia solidária no Brasil. In: SANTOS, B. D. S. (Ed.). Produzir para viver: os caminhos da produção não capitalista. Lisboa: Edições Afrontamento, 2003. p. 71-107, p. 73-74.

39   SENAES, op. cit.

40   SINGER, P., op. cit.

de dirigentes que funcionam como donos das mesmas.

Mesmo com dificuldades, a ES engloba exemplos que vão, **em certa medida**, em sentido contrário ao que Maurizio Lazzarato[41] afirma sobre o desemprego como mecanismo de destruição da cooperação entre cérebros. Se para muitas pessoas a cooperação se torna mais difícil no mundo competitivo e selvagem contemporâneo, essa outra economia mostra exemplos de organizações que se originaram justamente a partir de situações de desemprego e dificuldades de sobrevivência.

Para um enorme contingente a miséria e o desemprego têm servido justamente de fatores de mobilização coletiva e potencializadores de invenção:

> percebe-se que não é simples potencializar a invenção de outros modos de trabalhar no contexto hegemônico capitalista, onde a necessidade de sobrevivência coloca-se como um imperativo. Tal necessidade, por vezes, aciona potencialidades criativas. No entanto, é impossível não entender tais potencialidades como efeitos da miséria e das desigualdades sociais e é neste sentido que pensar em estratégias de resistência ligados a invenção de outros modos de trabalhar, não significa uma visão romântica e literária da pobreza e da miséria. Significa aderir à busca de produção da dignidade e do reconhecimento da capacidade de homens e mulheres para refletir e produzir seus modos de viver, de trabalhar e de existir[42].

Portanto, quando falo em ES, não me refiro apenas a pessoas que buscam alcançar trabalho e renda por meio de saídas cooperativas. Existem possibilidades de emergência, a partir de relações mediadas pelo trabalho associado, de novos significados compartilhados e novas solidariedades, que podem requalificar os sentidos do trabalho[43], da produção, do consumo, das trocas e, também, de modos de pensar, sentir e viver.

---

41   LAZZARATO, M. As revoluções do capitalismo. Rio de Janeiro: Civilização Brasileira, 2006.

42   TITTONI, J. Subjetivação e trabalho: reflexões sobre a Economia Solidária. In: VIII Congresso Luso-Afro Brasileiro de Ciências Sociais, setembro 2004, Coimbra. Centro de Estudos Sociais, 2004, p. 9-10.

43   PINTO, J. R. L., op. cit., p. 16.

Economia Solidária: perspectivas conceituais portuguesas

Especificamente em Portugal, a primeira publicação sobre o conceito Economia Solidária data do ano de 2005 e foi escrita por Rogério Roque Amaro[44], professor universitário em Lisboa. Ainda que o texto de Roque Amaro seja de 2005, de acordo com ele, a Economia Solidária nasceu há cerca de 25 anos.

Em uma perspectiva teórica diferente das demais aqui apresentadas na seção anterior, a primeira publicação a respeito de uma Economia Solidária portuguesa[45] considera que o conceito de ES se afirmaria através de projetos comuns em uma região conhecida como Macaronésia, que envolve os Açores, Cabo Verde, as Canárias e a Madeira. Entretanto, a publicação não cita quais projetos comuns seriam esses.

A Economia Solidária da Macaronésia é tratada como uma ferramenta na luta contra a pobreza e a exclusão social, face ao agravamento das desigualdades sociais e às novas situações de pobreza[46]. Este entendimento é corroborado por Cunha quando ele afirma que um dos objetivos da ES seria justamente o aumento da empregabilidade das pessoas que se encontram em situação de pobreza e/ou em exclusão social"[47].

A ES da Macaronésia seria "a mais abrangente, exigente e ampla de todas, uma vez que se afirma como uma Economia Multidimensional, Integrada e de Reencontro com a Vida em todas as suas vertentes"[48]. Entretanto, dentre os princípios relacionados a esta versão da ES, está a busca da "competitividade integrada destas organizações, procurando conciliá-la com a sua gestão democrática – sempre que possível"[49].

Parece no mínimo conflitante a busca da **competitividade** conciliada **apenas quando possível** com a gestão democrática.

Uma referência a uma determinada organização pertencente à ES em Portugal é trazida por Cunha quando ele comenta sobre a criação, nos Açores, da Cooperativa Regional de Economia Solidária dos Açores (Cresaçor), a qual

---

44   AMARO, R. R. Reflexões sobre a economia solidária. In: Actas do Congresso internacional de economia solidária, 29-30 setembro 2005, Ponta Delgada. Centro de estudos de economia solidária do atlântico, 2005. p. 17-29.

45   Idem.

46   AMARO, R. R., op. cit., p. 29.

47   CUNHA, D. Intervenção do secretário regional dos assuntos sociais do governo regional dos Açores. In: Actas do Congresso internacional de Economia Solidária, 29-30 setembro 2005, Ponta Delgada. Centro de estudos de economia solidária do atlântico, 2005. p. 13-15, p. 13.

48   AMARO, R. R., op. cit., p. 20.

49   AMARO, R. R., op. cit., p. 21.

"tem vindo a permitir o estudo e a construção de um sistema de sustentabilidade contínua do Movimento de Economia Solidária"[50].

O artigo intitulado "A economia ou é solidária ou é fratricida"[51], de autoria de José Portela, se propõe a pensar a noção de economia solidária "a partir do chão" e reflete a respeito de duas Organizações Não-Governamentais de utilidade pública cujas atividades se entrecruzam com quatro microempreendedores e suas unidades produtivas. No texto, o autor investiga a respeito destas ONGs que apoiam os microempreendedores, bem como das solidariedades e economias presentes nas unidades produtivas destes últimos.

É interessante ressaltar que, para Portela[52], dentro do escopo do que ele debate nesse artigo, microempreendedores podem ser considerados como representantes da Economia Solidária em Portugal. Essa concepção vai em sentido contrário àquela de cunho mais coletivo, adotada nesta obra, que considera que associações e cooperativas – ou seja, organizações coletivas – é que seriam pertences à esta outra economia.

Portanto, ainda que Portela[53] investigue o que considera como exemplos "do chão" da ES em Portugal, o microempreendedorismo que ele aborda em sua pesquisa não inclui associações nem cooperativas portuguesas e tem uma concepção bem diferente daquela da ES adotada aqui. **Busco investigar a respeito de associações e cooperativas em Portugal que lutem por valores tais como o igualitarismo, a solidariedade, a autogestão e a primazia do humano frente ao capital.**

As teorias a respeito da ES em Portugal acima mencionadas parecem até inconciliáveis, em alguns aspectos, com algumas das versões brasileiras sobre o mesmo conceito. Entretanto, como visto nos parágrafos anteriores, não foi possível encontrar detalhes sobre pesquisas aprofundadas realizadas em organizações pertencentes a esta outra economia, nem tampouco uma estimativa de quantas são as existentes, que tipo de trabalho realizam, ou de como são as vivências e relações dentro delas.

Parece necessário, então, mergulhar no universo dessa outra economia, viver essas experiências, para que se possa melhor lidar com os fenômenos rotulados pelo conceito 'Economia Solidária' em suas potencialidades.

---

50   CUNHA, D., op. cit., p. 15.

51   PORTELA, J. A economia ou é solidária ou é fratricida. Revista Crítica de Ciências Sociais, n. 84, p. 115-152, 2009, p. 115.

52   Idem.

53   Idem.

Chá Gorreana
Ilha de São Miguel, Açores, Portugal
16 de maio de 2009
Foto: Igor Vinicius Lima Valentim

3 Economia Solidária em Portugal

De alguns anos pra cá, como já mencionei, também tem se falado[1,2,3,4,5,6] em Economia Solidária em Portugal, e não mais apenas em Economia Social, ainda que este último conceito esteja presente na Constituição da República Portuguesa. Mostrava-se necessário **viver** a Economia Solidária em território português.

1   AMARO, R. R. Reflexões sobre a economia solidária. In: Actas do Congresso internacional de economia solidária, 29-30 setembro 2005, Ponta Delgada. Centro de estudos de economia solidária do atlântico, 2005. p. 17-29.

2   AMARO, R. R.; MADELINO, F. Economia Solidária. Contributos para um conceito. 2. ed. Ponta Delgada: Projecto CORES, 2006.

3   CUNHA, D. Intervenção do secretário regional dos assuntos sociais do governo regional dos Açores. In: Actas do Congresso internacional de Economia Solidária, 29-30 setembro 2005, Ponta Delgada. Centro de estudos de economia solidária do atlântico, 2005. p. 13-15.

4   PORTELA, J. A economia ou é solidária ou é fratricida. Revista Crítica de Ciências Sociais, n. 84, p. 115-152, 2009.

5   GOVERNO DOS AÇORES. Empresas e Economia Solidária dão emprego a 210 pessoas nos Açores. Portal do Governo dos Açores. Ponta Delgada, 29 de Setembro de 2005. Disponível em: http://edtgra.azores.gov.pt/Portal. Acesso em: 18 out 2008.

6   GOVERNO DOS AÇORES. Intervenção do presidente do Governo na abertura de uma mesa redonda sobre Pobreza e Exclusão. Portal do Governo dos Açores. Ponta Delgada, 16 de Outubro de 2007. Disponível em: http://edtgra.azores.gov.pt/Portal. Acesso em: 18 out 2008.

Morando em Lisboa a partir de outubro de 2007, e a partir de minhas experiências com associações de catadores de materiais recicláveis no Brasil[7], como já explicitado na apresentação desta obra, comecei a reparar que existiam, também em grandes cidades portuguesas, enormes quantidades de resíduos sólidos recicláveis pelas ruas. A diferença para o Brasil era que enquanto em Portugal eu jamais tivesse reparado algum catador realizando a recolha, no Brasil várias pessoas sobreviviam justamente a partir da recolha e venda desses materiais.

Tentei buscar, primeiramente, associações e cooperativas de catadores de materiais recicláveis em Portugal. Será que eles existiriam também no país ibérico, assim como no Brasil, Argentina, Colômbia, Índia e Egito? Realizei uma investigação que está, em parte, publicada em um capítulo de livro em inglês[8].

Participei de um encontro sobre a temática dos resíduos sólidos e reciclagem em Óbidos, Portugal, durante o ano de 2008. Na oportunidade, tive a chance de conversar com representantes de diversas organizações ligadas ao setor, tais como a Associação Portuguesa para o Ambiente (APA) e Sociedade Ponto Verde (SPV).

Foi possível entender que, em Portugal, qualquer pessoa precisa ter, para realizar transações comerciais com os resíduos descritos acima, uma organização legalmente institucionalizada e certificada pela SPV, entidade responsável por políticas ligadas ao tratamento de resíduos e à reciclagem em Portugal, composta por diversos atores públicos e privados.

Não seria exagero afirmar que a SPV é uma das organizações mais importantes quando o assunto é lixo e/ou reciclagem em terras portuguesas. Ela realiza campanhas nos mais diversos meios de comunicação, estimulando a reciclagem, e é a SPV que determina, por meio de suas políticas, que tipos de materiais são considerados recicláveis e quais devem ser enviados diretamente para os aterros sanitários.

Pude perceber que os resíduos devem ser recolhidos única e exclusivamente por empresas enquadradas dentro dos moldes e parâmetros de certificação estabelecidos pela SPV, ou seja, suas parceiras, que podem ou não ser as câmaras municipais. Vale lembrar que a SPV recebe taxas de todas aquelas organizações cujas atividades produzam resíduos.

Os resíduos sólidos, após coletados, são direcionados a empresas de tratamento e reciclagem também acreditadas pela SPV de acordo com cada

---

7   CARRION, R. S. M.; VALENTIM, I. V. L.; HELLWIG, B. C. Residência Solidária UFRGS: vivência de universitários com o desenvolvimento de uma tecnologia social. Porto Alegre: Editora da UFRGS, 2006.

8   VALENTIM, I. V. L. Are we fighting a single enemy? Looking for alternatives to capitalism with garbage workers. In: TITTENBRUN, J. (Ed.). Capitalism or Capitalisms? Szczecin: MyBook, 2009a, p. 183-201.

região geográfica.

Se uma pessoa ou grupo decidir recolher caixas de papelão nas ruas para reciclá-las e/ou comercializá-las, estará cometendo uma ação ilegal e sujeita a punições previstas nas legislações reguladoras.

Devido a todas essas restrições, relacionadas principalmente a interesses econômicos, não encontrei catadores de lixo trabalhando por conta própria nas ruas em Portugal nem, muito menos, alguma associação ou cooperativa.

Não tendo encontrado associações de trabalhadores dedicados à temática do lixo em Portugal Continental[9], comecei a buscar, em publicações acadêmicas sobre a temática da Economia Solidária, exemplos de organizações em solo português dedicadas ao tema.

Causou-me surpresa, primeiramente, a pouca quantidade de textos acadêmicos dedicados à ES tal como ela acontece em Portugal.

Foi grande a dificuldade de encontrar exemplos de organizações pertencentes à Economia Solidária em Portugal, mesmo nas poucas publicações acadêmicas sobre o tema já mencionadas na última seção do capítulo anterior. Dito de outra maneira, essas publicações parecem mais dedicadas a teorizar sobre uma versão portuguesa da Economia Solidária, ao invés de realizarem investigações aprofundadas com integrantes de associações e cooperativas em Portugal.

Para além dessas questões, as publicações mencionadas apontam para uma presença maior da ES portuguesa em territórios insulares (Arquipélago dos Açores e, em menor grau, da Madeira), do que no continente em si.

Durante buscas realizadas em bibliotecas, bases de dados, revistas acadêmicas, bem como em motores de busca na internet, tais como o Google e o Google acadêmico, evidenciei a escassa quantidade de publicações relativas à ES no arquipélago Açoriano.

As poucas encontradas[10],[11],[12] mostram caráter descritivo/informativo sobre eventos relacionados ao tema, mas não consegui localizar investigações acadêmicas aprofundadas sobre o fenômeno da Economia Solidária na localidade.

De acordo com a versão do governo regional Açoriano, a ES gera

---

9   Idem.

10   AMARO, R. R., op. cit.

11   CUNHA, D., op. cit.

12   AMARO, R. R.; MADELINO, F., op. cit.

centenas de empregos no arquipélago dos Açores[13] e é alvo de políticas públicas específicas[14]. Entretanto, uma das orientações dessas políticas públicas Açorianas de ES é a criação de empresas de inserção, incubadas essencialmente por instituições particulares de solidariedade social (IPSS), destinadas principalmente à integração de pessoas em grave situação de exclusão[15].

Seria a Economia Solidária um espaço temporário para inserção de pessoas no mercado de trabalho 'tradicional' heterogestionário? Como mencionei, não consegui localizar sequer um contato de associações e/ou cooperativas, ou mesmo investigações aprofundadas sobre alguma organização específica de ES em Portugal, nem mesmo nos Açores.

Com poucas informações sobre o tema e em busca de pistas a respeito de experiências ligadas à ES, empreendi uma pesquisa documental[16] para entender como a Economia Solidária era retratada pela mídia Açoriana.

Com o intuito de investigar as construções e representações midiáticas da ES no Diário dos Açores, analisei matérias jornalísticas relacionadas ao tema. O processo de seleção de notícias foi realizado mediante buscas no arquivo eletrônico do referido jornal a partir de palavras e expressões-chave que nos fornecessem indicações a respeito de como a temática é tratada.

No total, a pesquisa foi realizada com treze termos chave, já que além de 'Economia Solidária' foram também incluídas: associativismo, autogestão, comércio justo, consumo solidário, cooperativismo, economia do trabalho, economia popular, economia social, socioeconomia Solidária, finanças solidárias, moeda social e empreendimentos econômicos solidários.

Resumidamente, pude perceber que, nas notícias publicadas em 2008 pelo mais antigo jornal periódico Açoriano, as organizações de Economia Solidária são nomeadas como empresas. Não obstante, as notícias estabelecem ligações entre ES e empreendedorismo, bem como com uma 'economia social de mercado'.

Essas relações nos dão valiosas pistas a respeito da construção de sentidos no âmbito da ES: atuam no sentido da reprodução e assimilação dos

---

13   GOVERNO DOS AÇORES. Empresas e Economia Solidária dão emprego a 210 pessoas nos Açores. Portal do Governo dos Açores. Ponta Delgada, 29 de Setembro de 2005. Disponível em: http://edt-gra.azores.gov.pt/Portal. Acesso em: 18 out 2008.

14   GOVERNO DOS AÇORES. Intervenção do presidente do Governo na abertura de uma mesa redonda sobre Pobreza e Exclusão. Portal do Governo dos Açores. Ponta Delgada, 16 de Outubro de 2007. Disponível em: http://edtgra.azores.gov.pt/Portal. Acesso em: 18 out 2008.

15   CUNHA, D., op. cit, p. 13.

16   VALENTIM, I. V. L.. Economia Solidária nos Açores: um retrato de suas representações e construções midiáticas no Diário dos Açores. Anais do XI Congresso Ibero-Americano de Comunicação, 16-19 abril 2009, Funchal, 2009b.

valores subjacentes à ordem capitalista vigente e atualmente dominante.

Ainda mais intrigante foi perceber como em nenhuma das matérias encontradas foi possível encontrar vozes de membros de organizações de Economia Solidária, de Economia Social, de cooperativas e/ou de associações.

Dito de outro modo, no escopo da análise desenvolvida, o Diário dos Açores deu voz apenas a pessoas consideradas 'especialistas' em suas áreas de atuação: professores universitários, investigadores, políticos de carreira, presidentes de associações, responsáveis por projetos, entre outros.

Em nenhum momento, encontrei expressa a voz dos participantes dos projetos realizados ou daqueles diretamente interessados nas políticas públicas em questão, tais como os integrantes de organizações de Economia Solidária.

Se o leitor desejasse, durante todo o ano de 2008, encontrar **apenas uma** organização que fosse tratada como exemplo da Economia Solidária, ele encerraria o ano sem a possibilidade de identificá-la nas matérias veiculadas pelo Diário dos Açores. Ademais, se buscasse entender no que consiste essa outra economia, provavelmente também não encontraria respostas satisfatórias.

Tentei agendar encontros com o professor Ronaldo Rosa Amparo para conseguir mais pistas sobre o conceito da Economia Solidária em Portugal, entre abril de 2008 e dezembro de 2009, mas eles foram desmarcados em três diferentes momentos. Também entrei em contato com a Universidade dos Açores (UAC), em busca de algum professor dedicado ao tema da ES. Maurício Tinoco, membro do Centro de Estudos Sociais da UAC, respondeu-me por email e chegamos a trocar mais de dez mensagens.

Em uma dessas mensagens eletrônicas o referido professor me disse que não haviam pessoas dedicadas à temática da ES na UAC, mas que eu poderia obter maiores informações junto ao Instituto de Acção Social do Governo dos Açores, na pessoa de Carlos Bastos. Ele disse também, em outra mensagem, que já havia trabalhado com a ES na Ilha de São Miguel, mas que "*a moderna Economia Solidária em Portugal é uma iniciativa de cima. Isto é, iniciativa do Estado*".

Fiquei ainda mais intrigado e certo de que fazia toda diferença para mim, devido aos meus objetivos, encontrar publicações dedicadas à investigação de algum 'exemplo vivo' da Economia Solidária nos Açores. E não apenas isso. Era urgente **viver a Economia Solidária em Portugal**.

José Maria Carvalho Ferreira (Zé Maria), meu orientador durante o

Doutoramento[17], confessou que não tinha nenhum conhecimento a respeito de organizações deste tipo em Portugal Continental, mas sinalizou positivamente diante do meu questionamento sobre a possibilidade de encontrar alguma na Ilha de São Miguel.

Com a impossibilidade de encontrar indicações a respeito de **exemplos vivos** da ES em Portugal continental, decidi então que me mudaria para os Açores, após conversas com Maurício Tinoco por email e com meu orientador e amigo Zé Maria.

Exatamente uma semana antes de embarcar para a Ilha de São Miguel consegui, na quarta data marcada, ser recebido por Ronaldo Rosa Amparo em sua sala no ISCTE, em Lisboa. Conversamos por cerca de quarenta minutos e ele me explicou que talvez o maior motivo para que eu não encontrasse publicações a respeito de organizações de ES portuguesas fosse que realmente ele não se dedicava muito à escrita.

Na mesma conversa, Ronaldo me explicou um pouco sobre o que entende a respeito da ES tal como ela acontece em Portugal, falando especificamente dos Açores. Ele me contou sobre dois exemplos de organizações de Economia Solidária, as quais eu poderia visitar na Ilha de São Miguel, já que eu estava de mudança para a localidade: a Cooperativa Regional de Economia Solidária dos Açores (Cresaçor), dedicada a diversas atividades e com 'diversas valências' e a Celeiro da Terra, dedicada à produção de alimentos.

Ronaldo mencionou que eu também deveria procurar Jaime Marins, diretor do Instituto de Acção Social na Região Autônoma e um dos maiores envolvidos na temática desde sua 'criação'. Quando Ronaldo falou em 'criação', imediatamente lembrei-me do email trocado com Maurício Tinoco. Seria a ES Açoriana, então, realmente, um movimento 'criado' a partir da iniciativa estatal e não a partir da mobilização coletiva de pessoas?Com as indicações de Ronaldo, Maurício e Zé Maria, mudei-me para a Ilha de São Miguel, na Região Autônoma dos Açores, em abril de 2009, sem nunca antes ter estado por lá.

Compartilho a seguir muitos dos momentos dessa trajetória, narrando-os no tempo verbal presente, preservando assim a forma de elaboração dos diários que construí e que me ajudam a, hoje, esse compartilhar em forma de livro. Ressalto, também, que preservo em itálico as falas daqueles que construíram comigo essas vivências.

---

17   Doutoramento em Sociologia Econômica e das Organizações, realizado junto ao SOCIUS – Centro de Investigação em Sociologia Econômica e das Organizações, no âmbito do Instituto Superior de Economia e Gestão (ISEG), da Universidade Técnica de Lisboa (UTL). O doutoramento foi concluído em 16 dezembro de 2011 e a prova pública está disponível, em vídeo, em http://www.youtube.com/watch?v=1gx9916EH2w. As vivências aqui narradas são parte integrante daquelas que contribuíram para a construção da tese de doutoramento.

Chegada ao aeroporto de Ponta Delgada e loja da Cresaçor

Pouso no aeroporto João Paulo II, na ilha de São Miguel, arquipélago Açoriano, no dia 26 de abril de 2009, por volta das 9h30 da manhã. Após recolher a bagagem, procuro a loja de Economia Solidária no aeroporto. Não é difícil encontrá-la, já que são poucas as lojas e todas se localizam no primeiro piso.

A fachada da loja menciona o nome Economia Solidária além de aventura e turismo. Na vitrina exterior, é possível ver produtos dos mais diversos, tais como porcelanas pintadas à mão, licores, biscoitos. Resolvo entrar e conversar com a atendente que, muito simpática, fala comigo devagar. O sotaque Açoriano é muito diferente daquele de Lisboa.

Além de produtos, a loja oferece também turismo de aventura e começo a pedir explicações, mencionando que sou brasileiro e que conheço a Economia Solidária a partir das experiências brasileiras. A atendente logo me mostra algumas blusas femininas feitas por cooperativas no Brasil e diz que na Ilha de São Miguel acontece a mesma coisa, tendo as associações de costureiras desempenhando o mesmo trabalho que existe no Brasil. Ela me entrega um folheto e explica que só mesmo o escritório pode me dar maiores detalhes sobre a parte do turismo de aventura, a qual confessa não conhecer.

Pergunto então se a loja do aeroporto fica aberta direto, e ela diz que sim, das 7h30 às 21h, todos os dias, inclusive domingos e feriados. Ela comenta que ali são vendidos muitos produtos de organizações associadas, incluindo vários feitos à mão. Ela não faz parte de nenhuma associação e diz que é apenas uma funcionária: Andressa.

De acordo com ela, os visitantes da loja não conhecem sobre Economia Solidária, "*não estão muito informados disso ainda*", e muitos chegam lá e nem sequer olham para o nome da loja. O desconhecimento sobre a Economia Solidária e sobre a origem dos produtos aparece como um ponto interessante.

Andressa prossegue e fala que a loja não tem apenas produtos de Economia Solidária, senão não sobreviveria. Mostro minha surpresa e ela explica que quem vem de fora da ilha pode apreciar, mas que quem mora ali não conhece e não se interessa muito. O chá é um dos itens que mais vendem, e que os produtos que não são de ES acabam por compensar financeiramente os demais, equilibrando as contas da loja.

A competição com produtos de empresas heterogestionárias aparece com forte presença e enseja reflexões relacionadas ao próprio contexto da loja. Uma loja de uma cooperativa de Economia Solidária (Cresaçor), supostamente em nome de sua sustentabilidade financeira, também vende produtos que em nada se relacionam aos valores de uma economia teoricamente baseada em princípios diferentes daqueles hoje dominantes.

Os biscoitos, as compotas, os licores e os artigos pintados à mão são da Economia Solidária, mas não se poderia vender só isso porque "*as pessoas não dão valor*". Já aconteceram casos em que as pessoas compraram produtos por serem da Economia Solidária, mas geralmente isso ocorre com pessoas de fora dos Açores. Andressa reforça que os residentes locais não têm essa noção e "*vivem muito de superfície*", fazendo menção a uma vida de aparências, superficial, valores cotidianamente difundidos em nossas sociedades.

Pergunto se os produtos de Economia Solidária que são vendidos ali são mais caros ou mais baratos que os similares de organizações que não são consideradas como de ES. Andressa me diz que "*depende*", antes de circular comigo pela loja e me apontar os preços de alguns dos itens vendidos.

Ela explica que muitos dos produtos de ES que ali são comercializados também estão à venda em supermercados, tais como o Modelo, ou seja, no mercado de distribuição 'tradicional'. Andressa fala que na loja da Cresaçor estes produtos acabam por ser mais baratos, mas não sabe dizer o motivo disso, embora arrisque que é porque os mercados botam o preço que desejam.

Andressa pensa que as organizações precisam penetrar na rede de distribuição 'tradicional' e ter seus produtos vendidos "*em todo o lado*", já que se vendessem em um só lugar não teriam como conseguir condições para sobreviver: "*as coisas estão puxadas e as pessoas têm que se virar de qualquer forma*", referindo-se à situação econômica na ilha.

Uma interessante observação feita por Andressa a respeito dos produtos de ES vendidos ali na ilha de São Miguel é que eles não são itens de primeira necessidade, "*que se tem que ter*", mas coisas que se tem que experimentar. São produtos que as pessoas "*passam pela loja e muitas vezes nem olham... uma coisa que se precisa, tás a ver?*".

Outra questão interessante é que a ilha Açoriana não é um destino de compras, ou seja, os turistas compram apenas o que acham que devem, mas não se dirigem a ilha pensando em fazer compras, o que traria um impacto direto nessa questão da comercialização de produtos. Na parede da loja há uma tábua de vidro com o nome das organizações participantes da Cresaçor, mas Andressa explica que algumas daquelas já não fazem mais parte da cooperativa, enquanto que outras já se integraram.

Saindo da loja, dirijo-me à Residência Universitária das Laranjeiras, pertencente à UAC, na qual residirei durante os próximos meses. Não existem ônibus do aeroporto para o centro, segundo me informo. O táxi custa dez Euros, mas a distância é curta. Não há taxímetro e o motorista cobra 'de boca'.

Por volta do meio dia saio para almoçar e andar por toda a cidade a pé. Levo cerca de quarenta e cinco minutos até as Portas do Mar, uma espécie de complexo de bares, restaurantes e algumas lojas 'de grife', bem ao lado da Marina e parte integrante da área do Terminal Marítimo de Ponta Delgada. No caminho passo por ruas praticamente vazias e penso que isso se deve ao fato de ser um domingo e, mais, um domingo logo após um feriado nacional, como o 25 de abril em Portugal.

É interessante notar que bem ao lado das Portas do Mar e, consequentemente, de frente para um grande hotel, existe uma piscina pública construída sobre as rochas, utilizando a água do mar como piscina. Existem banheiros e espreguiçadeiras numa área de cimento, ao custo de um Euro de ingresso por dia.

Bem ao lado, lojas de perfumes importados e lanchonetes, além da 'Loja dos Açores', que conta com alguns produtos de Economia Solidária, ainda que isso não esteja escrito em nenhum lugar e eu só descubra ao circular pelas mercadorias expostas.

Centro de Estudos Sociais da Universidade dos Açores

Apenas dois dias após minha chegada à ilha, tenho encontro marcado às 9h30 com Maurício Tinoco, professor da UAC. Ele comenta que ele é um lisboeta que veio para os Açores há 16 ou 17 anos, convocado por Gilberta Rocha, diretora do CES/UA, para participar de um concurso para a Universidade.

Maurício diz que é um dos precursores da Economia Social nos Açores, *"sem falsa modéstia e sem arrogância"*. Em seu discurso, ele alterna os termos 'Economia Social' e 'Economia Solidária' como se fossem sinônimos, e diz que um grande motivador da temática na ilha foi o fato de que as pessoas (alvo das políticas públicas de inserção social), mesmo após a formação profissional, não tinham como se encaixar no mercado de trabalho, pois ninguém as queria, e *"se não tem trabalho, inventa-se"*.

Quando perguntado a respeito dos motivos para ter escolhido realizar a pesquisa no arquipélago Açoriano, explico então um pouco da minha trajetória e das motivações para querer viver a ES no arquipélago, bem como entender melhor o que se passa quando se fala em Economia Solidária nos Açores. Maurício diz, também, que se não fosse por Liberato Fernandes, o associativismo e o cooperativismo não teriam se desenvolvido tanto, não teriam ganhado tanta expressão nos Açores. Maurício comenta a respeito de uma série de spin-outs, ou seja, diversas associações se formando a partir de associações existentes.

Durante nossas conversas por email, como já salientado neste capítulo,

Maurício sempre destacou que considerava a Economia Solidária nos Açores como "*uma iniciativa de cima*", ou seja, um fenômeno criado por iniciativa do Estado, e não a partir da mobilização coletiva de trabalhadores.

Agora, frente a frente, ele diz que a ES nos Açores surgiu como um movimento a partir da mobilização coletiva, e que a criação das legislações estatais a respeito ocorreu a partir do que já existia no campo. Mais intrigante ainda é ouvir Maurício afirmar que ele foi, em grande medida, o precursor da ES nos Açores quando trabalhou no Instituto de Ação Social (IAS), no qual Jaime Marins seria seu 'braço direito'.

Sinto-me intrigado: como pode ser a Economia Solidária nos Açores algo ' de cima', iniciado pelo poder público, cujo precursor seria ele e, ao mesmo tempo, ter surgido a partir da mobilização coletiva?

Maurício afirma que quando trabalhou no IAS, "*há mais ou menos 16 anos*", existia apenas uma cooperativa na ilha de São Miguel, da qual ele não recorda o nome. Essa cooperativa se localizava na Lagoa e foi criada a partir da mobilização coletiva de mulheres articuladas por uma assistente social que depois se elegeu deputada, Letícia Moura. A cooperativa seria constituída por mulheres surdas que faziam biscoitos e bolos como forma de sobrevivência.

Maurício comenta que não se recorda do nome dessa organização, mas que ela foi a primeira cooperativa da ilha, tendo surgido antes de sua atuação no IAS, período no qual, juntamente com Jaime Marins, 'criou' várias cooperativas.

Ele comenta do exemplo da Kairós, cooperativa que surgiu como uma incubadora de iniciativas de Economia Solidária e da qual ele foi um dos fundadores, junto com outras onze pessoas, dentre as quais nenhuma era efetivamente trabalhadora. Uma iniciativa "*de cima*", portanto.

Essa informação reforça o que Maurício tinha afirmado por email, sobre a ES ser tratada como representante de iniciativas criadas a partir de cima. Ao mesmo tempo, aponta para o fato de que podem existir outras associações e cooperativas, surgidas a partir da mobilização coletiva, que talvez não sejam reconhecidas pelo poder público como ES, mas estejam apoiadas nos valores dessa outra economia. Como encontrar essa cooperativa de nome desconhecido?

Por fim, ele pergunta o que farei no almoço e comenta que podemos almoçar juntos para conversar mais algumas coisas. Ele diz que espera basicamente duas coisas, "*sendo bem sincero*": ampliar sua rede de contatos em uma temática de investigação na qual ele hoje não está muito ativo nem se dedicando muito e participar do meu júri de tese de doutoramento, tendo em vista que isso contaria muito para sua avaliação na UAC: "*ainda não sou professor catedrático, mas quero ser*".

Centro de Empreendedorismo da Universidade dos Açores

No dia 05 de maio de 2009 vou ao Centro conversar com Carlos Faias, suposto conhecedor da ES Açoriana. Entretanto, ao chegar, sou informado de que o mesmo não está mais trabalhando lá. A moça que me recebe indica para que eu converse com Valter Souza, atual coordenador, para obter mais informações, tendo em vista que não sabe me informar exatamente sobre como anda a relação com a Economia Solidária. Como ele também não está, ela me indica outro rapaz.

Ele me pergunta o que me leva lá e o que eu desejo saber. Explico primeiramente o que estou fazendo e falo que quando se conversa sobre ES em Portugal, é sempre mencionada a região dos Açores: *"Carlos Faias seria uma pessoa indicada porque trabalhou na Cresaçor"*.

Mais uma vez noto que tudo que se fala de ES nos Açores parece estar ligado à Cresaçor, à pessoa de Rosa Amparo e ao IAS, todos interligados.

Pergunto se hoje há alguma relação entre o Centro de Empreendedorismo da UAC e a ES, e ele diz que a atuação deles é muito mais voltada para microempresários que querem abrir empresas. Existe, inclusive, um protocolo de microcrédito com o Banco privado Millenium BCP, ou seja, nada relacionado à ES, apenas à criação de empresas privadas.

Parece não haver nenhuma espécie de busca por valores diferentes dos capitalistas, mas apenas almeja-se que as pessoas consigam arrumar trabalhos (empregos) por conta própria, ao invés de buscarem empregos em organizações públicas e/ou privadas.

A UAC tem uma disciplina de Empreendedorismo, lecionada nos cursos de Economia e de Gestão e também oferecida para os alunos de Serviço Social. Pergunto se há alguma relação com a ES nessa cadeira e a sua resposta traz dados interessantes para refletir: *"a única parte [que tem a ver com a ES] é o capitulo que botamos sobre Responsabilidade Social"*. Em seu entendimento, então, a Economia Solidária está ligada à Responsabilidade Social.

Valter Souza chega e entra na sala. Ele fala que conhece Rosa Amparo e pergunta se vou estar no Congresso de Economia Solidária daqui a dois dias, o que respondo positivamente. Valter pergunta se conheço Amélia, da Cresaçor, e Janaína Lordes, da Associação do Centro de Estudos em Economia Solidária dos Açores (ACEESA).

Respondo que conheço Janaína, já que ela e Rosa Amparo me convidaram para participar do referido congresso. Valter diz: *"Amélia Siqueira está a frente da Cresaçor, que é a organização que temos cá nos Açores que mais trabalha com ES, juntamente com as políticas desenvolvidas pelo Governo Regional"*.

É através da Cresaçor que ocorre a inserção de determinadas pessoas, desempregadas há muito tempo, no mercado de trabalho, o que me faz sentir que a Economia Solidária talvez possa ser compreendida como algo de caráter temporário na concepção do Governo Açoriano. *"A Cresaçor é uma cooperativa de solidariedade social, extremamente operada pelo Governo Regional. O governo faz a política e a Cresaçor executa-a. A Amélia é uma pessoa simpaticíssima"*.

Valter comenta que, em sua visão, a questão da ES é extremamente recente nos Açores, o que me parece em certa medida contraditório com a visão de Rosa Amparo de que o conceito existe no arquipélago desde meados da década de 1990. Ele considera que na ilha não existem os problemas enfrentados no Brasil e fala do microcrédito e do empreendedorismo como possibilidades de redução do desemprego, considerando *"que cada vez mais temos que criar nosso próprio emprego"*.

Agradeço por me receberem de portas abertas e Valter diz que estará sempre à disposição se eu precisar de informações. Para além disso, comenta que se eu necessitar de espaço/infraestrutura de trabalho enquanto estiver na ilha, posso usar o computador e a internet do Centro de Empreendedorismo da UAC. Nos despedimos e ficamos de conversar mais durante o referido congresso.

II Congresso de Economia Solidária dos Açores

Durante o II Congresso de Economia Solidária dos Açores, ocorrido nos dias 07 e 08 de maio de 2009 (a primeira edição ocorreu em 2005), os representantes de diversas organizações consideradas pela organização do evento como de ES expõem suas experiências para os participantes.

Profissionais acadêmicos de diversas universidades e localidades, bem como membros do Governo Regional dos Açores, também realizam apresentações. Dentre as organizações presentes, destaco a Servelar, a Cresaçor e a Cooperativa Celeiro da Terra.

Honorato Cordeiro, da **Cooperativa Celeiro da Terra**, se intitula secretário da direção da cooperativa, para além de técnico de serviço social em uma escola, e chega para a apresentação de terno, vestido como um executivo de qualquer multinacional estaria em um evento semelhante.

A Celeiro da Terra surgiu em 1998, no âmbito do projeto Valorizar, como uma cooperativa de solidariedade social. Este projeto foi promovido pelo Centro Social e Paroquial da Ribeira Quente (a cooperativa se localiza no concelho da povoação), já que havia a *"necessidade de implementar o projeto Valorizar contra a pobreza*", com o intuito de "*integrar grupos desfavorecidos*".

Hoje a cooperativa conta com 95 associados, mas já teve, entre 1997 e 2007, 190 'formandos' pelo IAS. De acordo com sua explicação, a organização possui uma coordenadora, cinco funcionários na cozinha, cinco funcionários no artesanato, um funcionário em um quiosque na Vila da Povoação e um funcionário em uma loja de artesanato nas Furnas, para além de um funcionário na distribuição e um na administração.

Chama atenção o termo utilizado para fazer menção aos trabalhadores: "*funcionários*". Afinal, quem são funcionários contratados e quem são os associados? Quem contrata os funcionários se não são associados? Como é a administração da cooperativa? E o que fazem os formandos? Que diferenças existem entre formandos, associados e funcionários?

Durante a apresentação de Honorato ele foca muito em números de produção, capacidade produtiva, turnos, matérias-primas consumidas, entre outros. Entretanto, não fala a respeito do que a cooperativa representa para as pessoas que nela trabalham.

Não consigo perceber a diferença entre a apresentação desta cooperativa e uma apresentação de uma empresa capitalista contemporânea qualquer, já que o que vejo são slides que tratam apenas da produção, do marketing, das vendas, entre outros, ou seja, instrumentos de gestão, análise e apresentação de uma organização, importados da gestão da administração privada voltada exclusivamente para o lucro.

Honorato menciona que a Celeiro da Terra tem como objetivos "*aumentar postos de trabalho, empregar mais pessoas*", além de ampliar a sede, a produção e a rede comercial. Pretendem caminhar na direção da autonomia financeira, sem esquecer a componente solidária do projeto.

Mais uma vez chama atenção o discurso do representante da cooperativa: "*sem esquecer a componente solidária do projeto*", ou seja, a solidariedade é tratada meramente como um componente do projeto.

A apresentação seguinte fica a cargo de Ricardo Teixeira, da **Servelar**. Ele também chega de terno e fala que a organização foi criada na Ilha da Madeira, em 2006, como uma empresa de inserção.

A Servelar se dedica a serviços de limpeza e jardinagem, mas Ricardo não menciona como ela foi criada, nem tampouco de quem foi a iniciativa. Dentre os 'colaboradores', todos participam ativamente, e os 'associados' se envolvem nas assembleias periódicas da empresa. Os objetivos da empresa são os de criação de empregos e de financiamento e sustentabilidade de si própria.

Ricardo explica também que os trabalhadores passam por uma formação que dura seis meses, na qual não estão incluídos conteúdos relativos ao cooperativismo.

Os contratos de trabalho na empresa têm duração de 24 meses e os funcionários contam com a possibilidade de receberem um prêmio por desempenho, a partir de avaliações mensais sobre sua produtividade e relacionamento com clientes, colegas e chefias.

Para mim, parece difícil considerar que as relações de trabalho presentes dentro desta organização se enquadrem no que considero como Economia Solidária.

Com relação à administração da empresa, Ricardo conta que existe um sociólogo, contratado como prestador de serviços, uma coordenadora (também contratada) e sete colaboradores, com escolaridade média de 4ª classe e idade média de 35 a 40 anos. Vale ressaltar que estes últimos sete são aqueles que efetivamente 'fazem a empresa andar'.

O faturamento da empresa foi de aproximadamente 35 mil euros em 2009, e Ricardo comenta que alguns dos colaboradores saem da empresa para o mercado de trabalho, mas ele não explica os motivos que levam a isso.

Ao entender que a Servelar é uma empresa de inserção, faz todo sentido perceber que inserir pessoas no mercado de trabalho já existente é mesmo um de seus objetivos.

Quando discorre acerca das perspectivas futuras da empresa, Ricardo fala dos futuros investimentos a serem realizados, principalmente financeiros, mas em momento nenhum menciona algum tipo de investimento ou plano futuro relacionado às pessoas que fazem parte da organização.

De acordo com a apresentação, a Servelar possui parceria estabelecida com o Instituto de Emprego da Região Autônoma da Madeira (IP-RAM). A apresentação é finalizada com um vídeo institucional que lembra aqueles de grandes empresas privadas. No fim do vídeo, são exibidas:

a) uma entrevista com um colaborador da empresa de cerca de 40 anos de idade que, em seu discurso, trata o trabalho como uma responsabilidade e o bom trabalhador como aquele que chega na hora, não falta e é disciplinado;

b) uma entrevista com uma colaboradora de 37 anos de idade que diz estar feliz por trabalhar com telefone celular e que sua vida está 'cinco estrelas', agradecendo muito;

c) uma entrevista com o presidente da Câmara Municipal de São Vicente, o equivalente ao prefeito de um município brasileiro, que diz: "*esta empresa é parceira do município para criar empregos, para que as pessoas possam viver com seu próprio trabalho*".

A seguir, Amélia Siqueira realiza a apresentação da **Cresaçor**. Ela se intitula Secretária Geral da organização e intitula sua apresentação "*A Cresaçor como pilar da Economia Solidária nos Açores*". Isso é muito interessante, já que pode fornecer pistas sobre a maneira como o próprio conceito Economia Solidária passou a ser usado na região autônoma.

A Cresaçor surgiu em 1999 como uma cooperativa de empresas de inserção, inicialmente duas: Aurora Social e Kairós, em uma luta contra a pobreza e a exclusão social. Em 2000, passou a ser considerada uma cooperativa de solidariedade social, mas Amélia não comenta sobre quem criou essa "*cooperativa guarda-chuva*".

Hoje, um dos objetivos da Cresaçor é o de apoiar a criação e a sustentabilidade de microempresas de inserção social. Conta com 26 colaboradores das áreas técnica e administrativa, quatro dedicados à restauração, três às vendas e dois estagiários em Turismo. Amélia considera que a equipe tem uma dimensão significativa e que a mesma está em crescimento.

A Cresaçor atua na área da Responsabilidade Social e em indicadores ligados à eficiência e à qualidade, tendo criado um gabinete promotor da qualidade na Economia Solidária. É importante ressaltar que Amélia se refere à qualidade dos produtos comercializados por cooperativas participantes da Cresaçor.

Na área da formação, a Cresaçor atua no desenvolvimento de competências para "*empreendedores sociais*", para a procura de emprego, misturando o empreendedorismo com a questão da responsabilidade social, e utilizando isso como instrumento para a inserção das pessoas dentro do mercado de trabalho 'tradicional'.

Nesse sentido, constrói-se mais uma pista ligada ao tratamento da Economia Solidária como relacionada a trabalhos de passagem, temporários, destinada a (re)inserir as pessoas em empregos, no mercado 'tradicional' de trabalho.

Hoje a Cresaçor conta com vinte e um cooperantes, ou seja, vinte e uma associações e cooperativas, as quais Amélia faz questão de nomear uma a uma. Alguns princípios de ação da organização são:

    a) maximização do conceito de cooperação (união faz a força e parcerias com outras instituições);

    b) reforço das estratégias de intervenção no mercado, com o intuito de melhorar a qualidade dos produtos e de conquistar mais mercado;

    c) potencialização de projetos e candidaturas a apoios de financiamentos do governo português e no nível da comunidade europeia;

    d) marketing social, fortalecendo o movimento da Economia Solidária nos Açores, dentro do que criaram a marca CORES – presente nos

Açores, Canárias e Madeira – e um selo certificador de Economia Solidária, ou seja, um selo que atesta que determinada organização 'é de Economia Solidária', ou melhor, da ES reconhecida pela Cresaçor;

e) processos de investigação/ação. Amélia mostra uma foto da primeira turma do Mestrado em Economia Social e Solidária do ISCTE, coordenado por Rosa Amparo, da qual ela fez parte.

A Cresaçor parece ser voltada para o agir a partir de um quadro-referência elaborado previamente, e não para buscar uma construção conjunta de planos de ação com as organizações que estão no campo.

É possível perceber também que o lucro é tratado como um critério condutor das empresas de inserção. No que são exibidos como fatores-chave para o sucesso dessas empresas, não vejo nada relacionado ao que elas representam para as pessoas.

As pessoas parecem ser tratadas como funcionárias de qualquer empresa privada, sendo pressuposto que elas têm os mesmos objetivos que as organizações. Amélia dá um exemplo de sucesso dentro da ES e fala de um homem que criou um bar, em dezembro de 2007 e, mesmo com dificuldades na gestão e na contabilidade, conseguiu a partir de seu esforço e persistência, ultrapassar todas e criar seu próprio emprego.

Após a apresentação da Cresaçor por Amélia Siqueira, Ronaldo Rosa Amparo fala sobre as tensões presentes nos relacionamentos entre Economia Solidária, empresas e Estado. A Cresaçor é uma das organizações que praticam o microcrédito nos Açores para quem não tem acesso direto ao crédito, e afirma que a Economia Solidária trabalha em várias direções, sendo este microcrédito um importante instrumento na luta contra a pobreza, ainda que o conceito de empreendedorismo não esteja necessariamente ligado ao de Economia Solidária.

Ronaldo comenta que os bancos não querem perder dinheiro e, por isso, dão cursos para as pessoas que tomam crédito. Tendo em vista que a Cresaçor não tem capacidade financeira própria, ela está se aliando ao Estado e ao Millenium BCP (banco privado) para reforçar sua capacidade de ajudar os mais desfavorecidos.

É incrível notar como a Economia Solidária é encarada como uma economia de pobres ou, ainda mais grave neste caso, como uma economia para pobres, nunca vista como um movimento autônomo de pessoas, como iniciativa e movimento social.

O evento tem, também, uma apresentação da Presidente da Câmara Municipal de Ponta Delgada. Durante sua fala, ela aborda questões relativas à inclusão social, a modelos alternativos e à necessidade de desenvolvimento de novas formas de empreendedorismo. Diz que a formação, o saber e a criatividade são bases para a autossustentabilidade da Economia Solidária, e que precisamos aplicar *"eficiência e boa gestão"* nessa outra economia.

Ao fim, é possível perceber que ela não menciona, em momento algum, as iniciativas que já existem e que foram criadas a partir das pessoas, focando sempre, e mais uma vez, assim como os outros palestrantes, nas iniciativas criadas **para** as pessoas **a partir do Estado ou de outras organizações**. Mas não organizações que surgiram **a partir da mobilização coletiva popular**.

No segundo dia, realizo minha apresentação e, após as demais, alguns dos participantes vão almoçar juntos. Pergunto a Ronaldo, durante o almoço, o que achou do congresso, e ele diz que não gostou da tarde do dia anterior, pois conhece as experiências e sabe que não são da forma como foram apresentadas: *"de uma forma totalmente mercantil, como se fossem empresas capitalistas normais, já que pelas apresentações pareceu que elas nada tinham de Economia Solidária"*.

Faço a mesma pergunta a Jean-Louis Laville, que me responde que, a partir do que viu na tarde do dia anterior, pensou muito sobre o isomorfismo, sobre como essas organizações utilizam o mesmo discurso das empresas capitalistas. Ele me devolve a pergunta e falo que me surpreendeu o fato de que a gestão das organizações parece totalmente separada de suas atividades. Ele comenta que na França nem sempre ocorre a autogestão nas organizações de ES, mas que, mesmo quando a gestão é realizada por uma pessoa 'à parte', nos casos em que membros das organizações não querem *"se meter naquilo"*, os membros interferem nas decisões e nos rumos das organizações.

Instituto de Acção Social

Após indicações de Ronaldo Rosa Amparo e de Maurício Tinoco, a visita à sede do Instituto de Acção Social (IAS) tem a intenção de conversar com Jaime Marins, diretor do órgão.

A sala fica no último andar do prédio, cuja arquitetura traz elementos hierárquicos inegáveis[18]. Ao ser convidado a entrar, descubro que a reunião não será apenas com Jaime, já que ele leva também Mariléia, socióloga responsável pelo 'mapeamento' de ES promovido pelo IAS, e Carlos Bastos, chefe de divisão do IAS.

---

18   Por exemplo, as salas nas quais trabalham os ocupantes de cargos de direção ficam no topo do prédio e com as vistas mais bonitas da paisagem, enquanto que o atendimento ao público é feito no andar térreo. Para aprofundar essa temática da arquitetura como símbolo e também construtora de hierarquias e valores, vale a leitura de: FOUCAULT, M. Vigiar e punir: nascimento da prisão. Petrópolis: Vozes, 2005.

Falo da vontade de compreender sobre o fato de atualmente estar ganhando corpo a Economia Solidária em Portugal, ainda que a Economia Social é que esteja presente na Constituição Portuguesa. Comento das recomendações de Rosa Amparo e de Maurício Tinoco (que disse já ter trabalhado com Jaime).

Carlos começa e é o primeiro a se apresentar, dizendo que é chefe da divisão de Planejamento do IAS. A seguir, Mariléia diz que está na equipe do IAS responsável pela ES e desenvolvimento sócio-institucional, criada há pouco tempo.

Jaime considera que a ES tende a crescer e diversificar-se, já que estaria ganhando representatividade em outras ilhas, ainda que esteja presente predominantemente em São Miguel. Ele pergunta diretamente o que quero saber e começo questionando sobre a origem da Economia Solidária nos Açores. Jaime pergunta se vou às instituições e respondo que sim, quando então ele diz que talvez seja melhor eu primeiro fazer isso e só então voltar ao IAS para falarmos sobre esse assunto.

Explico que fui falar com ele primeiro tendo em vista que as pessoas com quem falei em Economia Solidária na ilha lembraram seu nome.

Estranho um pouco sua reticência em falar, ainda que de maneira geral, sobre a ES na ilha, tendo em vista que ele próprio concordou em agendar a conversa com essa finalidade. Sinto certa desconfiança. Jaime não parece muito disposto a compartilhar suas experiências e seu semblante mostra um homem que não está à vontade.

Jaime propõe que tracemos um plano conjunto para a investigação. Ele fala que questionamentos como os que fiz não aparecem tão frequentemente e que, por isso, ele não estava à espera disso. Jaime comenta que as histórias da ES na ilha não aparecem de uma hora para outra e que para recuperá-las é complicado.

Pergunto, então, sobre as políticas públicas relacionadas à Economia Solidária, para além de quais organizações ele e o IAS consideram como sendo de ES. Jaime diz que um mapeamento está sendo realizado por iniciativa do órgão governamental para compreender melhor o que as organizações de ES da ilha fazem e a que se dedicam. Durante sua fala, mistura os termos Economia Solidária e Economia Social. Por vezes gagueja e, em outros momentos, fala de Economia Social e depois 'corrige' para Economia Solidária.

Mariléia diz que o mapeamento sobre a ES nos Açores está sendo realizado da seguinte forma: entregando-se um questionário com uma quantidade determinada de questões para as organizações responderem, com o objetivo de conhecer as "*empresas*".

Na medida em que iam conhecendo essas 'empresas', solicitaram alguma documentação que a Cresaçor não possuía. Chama atenção o termo que Mariléia usa para denominar as iniciativas: empresas, bem como a relação com a Cresaçor e a maneira utilizada para realizar o mapeamento. Mas o que a Cresaçor tem a ver com o mapeamento do Governo Regional dos Açores?

Pergunto se eles visitaram apenas organizações filiadas à Cresaçor e Mariléia me responde que sim: "*apenas as integrantes da listagem da Cresaçor, as cooperantes da Cresaçor*". Notando minha expressão de surpresa, ela comenta que o mapeamento foi feito apenas entre essas organizações, mas que talvez isso não seja o mais correto, tendo em vista que podem existir outras 'empresas' e projetos.

Indago sobre como se associar à Cresaçor, já que as políticas públicas estão alinhadas apenas às cooperativas que dela fazem parte. Dizem que não existem critérios pré-definidos, sendo necessária a adesão e que, na opinião de Jaime, a Cresaçor traria uma preocupação de certificação, de qualidade, que muitas pessoas não têm quando resolvem trabalhar coletivamente.

Jaime diz que Rosa Amparo ajudou na elaboração do questionário utilizado pelo IAS para recolher dados sobre as organizações e Mariléia complementa que foram usados indicadores fornecidos pelo referido docente, a partir de suas definições teóricas sobre o que seria a ES: "*o questionário já foi entregue a todas as empresas e estamos esperando agora receber as documentações solicitadas*".

Pergunto como funciona, então, para mapear as organizações que não estão no escopo da Cresaçor, mas não tenho uma resposta satisfatória, nem de Jaime, nem de Mariléia, que apenas se entreolham.

Jaime fala que posso ir às organizações, que não há problema quanto a isso e que o foco inicial da ES nos Açores foi a formação de jovens com deficiência. Em alguns momentos, ele trata a ES como um 'estágio para o emprego', com caráter passageiro, transitório, que teria como objetivo final a inserção das pessoas em empregos 'normais' na iniciativa privada.

Jaime me causa a sensação de estar impaciente para acabar logo a conversa. Carlos e Mariléia parecem mais solícitos.

Comento, por fim, que Maurício Tinoco mencionou a respeito de uma associação de mulheres surdas, localizada na Lagoa, que em sua memória seria a primeira organização de Economia Solidária da ilha. Pergunto a Jaime pelo nome da mesma e ele responde que o nome é Megasil, cuja responsável no início era Letícia Moura, então diretora da Santa Casa de Misericórdia, mas confessa que não sabe o que se passou com a cooperativa desde sua fundação, "*há muitos anos*". Ele fala, também, que essa cooperativa nunca entrou *"oficialmente"* no campo da Economia Solidária, *"nem mesmo como Instituição Particular de Solidariedade Social"* (IPSS).

Mas no que consiste uma IPSS? Que ligações ela pode ter com a Economia Solidária?

Resumo sobre IPSS e conversa com Carlos Bastos

De acordo com a Segurança Social Portuguesa, as IPSS "têm por finalidade o exercício da acção social na prevenção e apoio nas diversas situações de fragilidade, exclusão ou carência humana, promovendo a inclusão e a integração social"[19].

O estatuto das IPSS foi aprovado pelo Decreto-Lei número 119/83, de 25 de fevereiro, e essas iniciativas não têm finalidade lucrativa. Seus objetivos são a concessão de bens e serviços relacionados a apoio a crianças e jovens, à família, proteção a idosos e inválidos em situações de falta ou diminuição de meios de subsistência ou de capacidade para o trabalho, educação e formação profissional de cidadãos, resolução de problemas habitacionais, promoção e proteção da saúde, entre outros.

Quais as implicações de uma organização ser reconhecida como IPSS na prática cotidiana? De acordo com a legislação, uma vez registradas, as IPSS adquirem o estatuto de "pessoas coletivas de utilidade pública, advindo daí, por parte do Estado, a atribuição de benefícios (isenções fiscais, apoios financeiros) e encargos (prestação de contas, obrigação de cooperação com a Administração Pública)". Entretanto, chama a atenção o fato de que esses benefícios e encargos não estão expressos nos documentos legais[20].

Cooperativas não fazem parte da forma jurídica inicial assumida pelas IPSS, mas podem ser equiparadas a elas mediante reconhecimento por parte da Direção Geral da Segurança Social. De acordo com a legislação em vigor,

> as cooperativas de solidariedade social que prossigam os objectivos previstos no estatuto das IPSS poderão requerer o reconhecimento dessa qualidade ao Director-Geral da Segurança Social, para efeitos de equiparação àquelas instituições e de aplicação do mesmo estatuto de direitos, deveres e benefícios, designadamente fiscais[21].

---

19   Segurança Social. IPSS/Iniciativas dos Particulares. 2008. Disponível em: http://195.245.197.202/left.asp?01.03. Acesso em: 19 mai 2009.

20   Idem.

21   Idem.

A possibilidade de que cooperativas sejam equiparadas às IPSS só se tornou real a partir de 15 de Janeiro de 1998, com a promulgação do Decreto-Lei número°7/98, o qual regulamentou o regime jurídico das cooperativas de solidariedade social, bem como a Lei número 101/97 de 13 de setembro de 1997, que estendeu às cooperativas de solidariedade social os direitos, deveres e benefícios das IPSS.

Um dado interessante é que "44,3% das IPSS's são provenientes da Igreja Católica, 20,7% de Acções, Planos ou Projectos para Desenvolvimento Local, 18% das Misericórdias e 17% de Associações (cooperativas, associações de residentes, entre outros)"[22],[23]. O que é possível inferir a partir destes dados é que surpreendentes 62,3% das IPSS têm origem em entidades ligadas à Igreja, no que as misericórdias estão incluídas.

Entre as desvantagens das IPSS, fala-se[24] em uma "forte dependência financeira do Estado, que [...] pode levar à perda de autonomia e ao desvirtuamento dos princípios destas organizações, a falta de uma tradição democrática e de uma cultura de participação dentro das próprias organizações (ou seja, o desrespeitar a máxima de 'um homem, um voto')"[25].

As legislações e referências explicam um pouco sobre as IPSS, mas não abordam como essas questões funcionam no dia a dia. A legislação fala de benefícios fiscais como direitos e da prestação de contas como um dever, mas fico sem entender o que isso representa na prática.

Também não posso deixar de compartilhar a dificuldade que tive para compreender as informações relativas ao processo de solicitação de equiparação de uma cooperativa à IPSS. Um dos requisitos é que o pedido seja apresentado pelos titulares dos órgãos que representam as cooperativas.

O primeiro entendimento que tive foi de que existiriam órgãos externos à cooperativa, órgãos representativos de cooperativas, que deveriam fazer a solicitação. Em 22 de maio de 2009, converso com Carlos Bastos no IAS justamente para entender melhor como as IPSS acontecem nos Açores.

Questiono Carlos sobre a questão de órgãos externos requererem a equiparação à IPSS para uma cooperativa. Ele explica que não são órgãos externos, mas sim os diretores ou presidente da cooperativa, de acordo com seu estatuto:

---

22   HOVEN, R. v. d. Social work and the third sector in Portugal. Disponível em: http://cms. euromodule.com/servlet/PB/-s/1xnv0101cbuuyh1kjgtnn9y9cijjlx9g4/show/1027649/po3rd_1.pdf. Acesso em 10 mai 2010. 2003.

23   SOUSA, G. M. F. d. As IPSS's, seu lugar em Portugal. Lisboa: Instituto Superior de Ciências do Trabalho e da Empresa, 2009.

24   Idem.

25   Idem.

> *a direção toma decisões executivas... normalmente esse tipo de decisão, embora previamente sancionada em assembleia de cooperantes... é a direção que formaliza... digo... eu, presidente da cooperativa tal, solicito, isso, isso... se no estatuto disser que tem que ser o presidente, o vice-presidente a assinar... os estatutos definem os poderes... há aqui uma coisa que é muito importante... que é perceber nessas situações que as instituições que são parceiras da Segurança Social na Economia Solidária são entidades patronais... têm um quadro de pessoal... e a viabilidade do apoio financeiro da Segurança Social acaba por se resumir à existência de pessoas a serem integradas... se eu tenho um diagnóstico de 20 pessoas com problemas, pronto... intervenho sobre as 20... qual é o meu objetivo? É **dar-lhes emprego ou dar-lhes competências para elas, com mais dificuldade, menos dificuldade, se integrarem no mercado normal de trabalho?** Não vou ter 100% de sucesso... mas se calhar meu objetivo seria tê-lo porque eu devia estar a trabalhar com as mulheres, mas eu devia estar a trabalhar com as empresas... estou a formar... as empresas existem* (grifo meu).

Nesse ponto, mais pistas de que, ao menos em algumas organizações, pode ocorrer uma separação entre direção e presidência de uma cooperativa e seus trabalhadores, também nos Açores.

Outra coisa que merece ser sublinhada é a visão da Economia Solidária nos Açores como possuidora de caráter temporário e formador para o mercado de trabalho existente em empresas heterogestionárias. Isso está presente na fala de Carlos, bem como é recorrente em diversas das conversas que fazem parte das vivências já compartilhadas aqui.

Carlos comenta que há muitas instituições que só pedem a equiparação a IPSS para ter a restituição do Imposto sobre Valor Agregado (IVA) quando fazem uma obra ou adquirem um bem. Ele comenta que se um dia essas organizações precisarem de dinheiro para aumentar as instalações, por exemplo, também podem fazê-lo por serem IPSS.

O fato de ser IPSS (ou ter equiparação a IPSS) dá acesso a fundos de financiamento, mas impede, por outro lado, que as organizações concorram a certas linhas de incentivo financeiro que a Secretaria Regional de Economia possui. Carlos ressalta que para ter o apoio econômico do IAS, uma IPSS precisa estabelecer um acordo bilateral com o órgão governamental, que pode permitir o financiamento de pessoal administrativo, equipamentos, insumos, entre outros itens.

Reflexões provisórias

Duas coisas me inquietam com relação ao 'mapeamento' realizado pelo IAS. A primeira é o **modo** que ele é realizado. Elabora-se um questionário e envia-se um ofício para as organizações de antemão para que elas saibam que o IAS vai visitá-las e que necessitam de alguém para recebê-los. Isso me parece, no mínimo, uma abordagem que intimida essas organizações.

Não há sequer espaço para conversar com seus membros, para além de não mostrar nenhum tipo de sensibilidade para entender suas realidades. Não há essa vontade, ao menos naqueles que delinearam o mapeamento. O intuito é apenas que as organizações devolvam os questionários preenchidos, juntamente com outros documentos solicitados pelo IAS.

A segunda coisa que me inquieta é o fato do IAS fazer um mapeamento sobre a Economia Solidária na ilha apenas com as cooperativas da própria Cresaçor. Não seria um mapeamento sinônimo de buscar **conhecer** organizações?

Aquilo que o IAS considera como mapeamento, na prática, é uma investigação sobre organizações que já têm sua existência conhecida e que são filiadas a uma cooperativa ligada ao próprio Jaime Marins e a Ronaldo Rosa Amparo. Isso é sinônimo de ratificar como mapeadas, dentro da ES, única e exclusivamente as suborganizações (ou associadas) da Cresaçor, ou seja, organizações que já possuem ao menos teoricamente apoios governamentais.

Portanto, é fundamental sublinhar que só é reconhecido como pertencente à 'Economia Solidária', na acepção do Governo Regional dos Açores, quem pertence à Cresaçor.

As associações e cooperativas que não se enquadram dentro da Cresaçor são muitas vezes invisíveis para o IAS, ou seja, para o Governo dos Açores, ao menos no que diz respeito às políticas públicas para a Economia Solidária. E isso vai na linha do que eu soube quando ouvi na UAC que a Cresaçor é quem operacionaliza as políticas de ES nos Açores.

Isso não parece ser suficiente neste momento. Ainda que eu tenha conseguido desenhar, ainda que em linhas gerais, algumas das relações que atravessam o conceito de Economia Solidária nos Açores, isso não me conforta.

Busco o novo. A invenção. As potencialidades. Nesse sentido, me interessa mais encontrar organizações que não necessariamente foram criadas 'de cima pra baixo'.

Preciso encontrar organizações que talvez não mantenham relações tão estreitas com acadêmicos profissionais e integrantes do governo a ponto de serem consideradas como as únicas destinatárias de um mapeamento realizado para se mapear o que já se conhecia de antemão.

Onde está a vida que transborda para além desses cercadinhos? Será que não existe algum exemplo de uma associação ou cooperativa que não esteja presa dentro desses círculos?

Onde está a mobilização coletiva de pessoas que lutam por valores tais como o igualitarismo, a solidariedade e a autogestão nas **suas** organizações? Organizações estas das quais os integrantes sejam associados, membros, donos e nas quais participem ativamente. Organizações onde pulsem valores como os mencionados nas relações interpessoais e que não sejam desenhadas e pensadas por uns e construídas cotidianamente e executadas por outros.

Enfim, organizações nas quais o trabalho esteja ligado a valores como os já mencionados, em busca de uma economia e de um mundo mais solidário, sendo este mesmo trabalho indissociável da construção de modos de ver, sentir e estar no mundo associados à expansão da vida individual e coletiva.

Então, resta perguntar novamente, que outras associações e cooperativas, baseadas em valores tais como a autogestão, o igualitarismo e a primazia do humano frente ao capital, existem fora desse 'círculo'? Como chegar até elas? Seria a Megasil um exemplo concreto?

4

A cooperativa Megasil

Os caminhos e a chegada à Megasil

São 14 de maio de 2009 e estou acompanhado de Luciana Melo, aluna do Mestrando em Economia Social e Solidária Do ISCTE, coordenado por Ronaldo Rosa Amparo, a quem conheci em uma das tentativas de conhecer o referido professor.

Também interessada em conhecer iniciativas relacionadas à ES em solo português, Luciana aceitou meu convite para participar comigo dessa cartografia na Ilha de São Miguel, para viver a Economia Solidária fora das salas de aula. Luciana está com o pé fraturado e se desloca com certa dificuldade.

A partir das indicações que a Megasil foi fundada por Letícia Moura, assistente social e ex-deputada, a qual supostamente trabalharia na Santa Casa de Misericórdia da Lagoa, eu e Luciana nos dirigimos ao Concelho da Lagoa, em uma missão investigativa em busca de descobrir mais sobre essa suposta cooperativa de mulheres.

Ao chegarmos pela primeira vez ao Concelho da Lagoa, distante cerca de quinze quilômetros de Ponta Delgada, capital da ilha, perguntamos a diversas pessoas nas ruas, quase vazias, onde fica a Santa Casa. Após algumas indicações, não é difícil localizar o prédio da instituição, situado ao lado esquerdo de uma rua bem estreita na qual os carros encontram-se estacionados no mesmo lado.

Entrando no prédio, sem ninguém na recepção, vamos até uma das portas do edifício em busca de informações e uma senhora vem em nossa direção, perguntando o que nos leva até lá. Explico que viemos de Lisboa e que gostaríamos de saber sobre uma cooperativa chamada Megasil. Ela diz que conhece e que acha que ainda funciona, comentando que fornece massas sovadas, biscoitos, pães, e me pergunta se quero saber onde ela fica situada. Digo que sim, já que gostaríamos de conhecê-la, tendo em vista que ouvimos dizer que foi uma das primeiras cooperativas a serem constituídas na Ilha:

> *O que posso vos dizer é o seguinte: os senhores estão de carro? Então é assim, o senhor segue por esta rua e o senhor portanto vira naquela árvore... mesmo aqui à sua esquerda o senhor para o carro e tem ali o chafariz. O senhor para o carro e desce as escadinhas. E essa lojinha que fica mesmo à nossa esquerda, a dona Andrea... essa senhora pertence à Megasil e ela com mais precisão é que pode lhe dar informações sobre tudo que o senhor pretende saber.*

Saímos da Santa Casa de Misericórdia e nos dirigimos ao chafariz indicado. Não é difícil encontrá-lo, nem tampouco a lojinha, uma espécie de minimercado, situada bem de frente a uma igreja. Reparo como as pessoas nas ruas olham para mim e para Luciana como se desejassem saber o que queremos. Notam que não somos locais e, como em diversas cidades pequenas nas quais todos se conhecem, a presença do 'estranho' é rapidamente identificada e alvo de curiosidade[1].

Ao chegarmos à porta do mercado, entramos e reparamos que, além dos produtos de primeira necessidade, também são vendidos itens regionais típicos. Decidimos levar alguns ao caixa, para estabelecermos um primeiro contato.

Somos atendidos por uma senhora que parece muda, mas que demonstra nos escutar. Perguntamos a ela e à outra moça que se encontrava ao seu lado quem é Andrea. Sorrindo, esta outra mulher diz que é ela mesma, e eu respondo que então chegamos à pessoa certa.

Luciana diz que veio do continente e que eu vim do Brasil para falarmos com ela. Andrea responde que estava nos "*olhando desconfiando*" enquanto passeávamos pelos produtos e Luciana diz pra ela acreditar que é por uma coisa boa.

---

1   ELIAS, N.; SCOTSON, J. L. Os estabelecidos e os outsiders: sociologia das relações de poder a partir de uma pequena comunidade. Rio de Janeiro: Jorge Zahar Ed., 2000.

Viemos em busca de informações, pois queremos muito conhecer a Megasil. Explico que chegamos à Lagoa sem conhecer ninguém e que fomos até a Santa Casa, onde nos indicaram que viéssemos procurar por Andrea, já que ela seria a pessoa certa para nos ajudar.

Andrea escuta calada, com aquele mesmo olhar de desconfiança que ela mesma confessou instantes antes, e diz: "*sim, sou toda ouvidos*". Não sabíamos onde vocês estavam localizadas e nem mesmo se ainda existiam, eu digo.

Luciana diz que faz mestrado e que eu faço doutoramento. Explico que estamos buscando conhecer iniciativas de associações e cooperativas portuguesas e que ouvimos dizer que a Megasil seria uma das mais antigas da ilha.

Andrea confirma e diz que a Megasil é uma cooperativa sem fins lucrativos com 22 anos de existência. Ela fala, também, que a moça ao seu lado é Nesia, e complementa:

> *quem era presidente [da cooperativa] desde o início era minha sogra, que é mãe da Nesia. Nesia trabalha lá, mas neste momento foi operada dos tendões e está de baixa. Trabalha muito, porque ela está desde o início, desde 1988. Não sei se sabem, mas a Megasil emprega principalmente deficientes. Ela [Nesia] é deficiente auditiva. Temos lá mais uma que também é deficiente auditiva, a Emanuela.*

Andrea nos explica, a seguir, que algumas mulheres fundaram a Megasil, cujo nome deriva das iniciais dos nomes das primeiras integrantes: "*M de Marina Emanuela, G de Greta... o próprio nome Megasil tem sua história... não foi à toa...*".

Um dos principais motivos para a mobilização coletiva em forma de cooperativa foi que as deficientes auditivas saíam da escola e não tinham para onde ir nem o que fazer. Andrea explica que a Megasil foi constituída e iniciada porque havia necessidade, de certa maneira, de arranjar um futuro para as deficientes auditivas, mantê-las ocupadas, já que saíam da escola especial por volta dos 14 ou 15 anos de idade e não conseguiam mais o que fazer nem onde atuar, em termos laborais.

"*Graças a Deus elas vão aprendendo a ter sua independência*", diz Andrea, ressaltando que Nesia esteve em uma escola especial, mas que o Governo deixou de oferecer esse serviço há mais de cinco anos.

Percebo que desde o início a Megasil surgiu como um espaço de trabalho e de socialização para mulheres, dentre as quais algumas eram deficientes. E mais. Ao que parece, foi a partir da mobilização coletiva e não 'de cima pra baixo'.

Luciana pergunta se o grupo das integrantes da Megasil é todo composto por deficientes auditivas. Andrea diz que não, contando que ela está na cooperativa há alguns anos, mas que Bianca é que está desde o início: *"[a Megasil] é um filho pra ela, ela fundou, ajudou a criar, a crescer. São treze cooperantes, são treze donos. Praticamente todas elas pertencem à cooperativa, ou seja, aquilo é tudo delas"*.

No começo, sequer tinham um espaço e trabalharam por quase três anos numa casa antiga, pertencente à Junta de Freguesia. Só então, com a ajuda do gabinete de gestão financeira e do presidente da Junta de Freguesia, conseguiram adquirir o prédio onde estão hoje, o qual elas vêm pagando em prestações mensais, ao longo dos anos, com verbas provenientes do próprio trabalho.

Bianca trabalha com as deficientes na parte da produção e da emissão de notas fiscais para os clientes, sendo a principal responsável pela organização. Andrea é a presidente, secretária, tesoureira, sendo de certa maneira a responsável por resolver quase todas as tarefas de cunho administrativo.

Andrea confidencia que, além da Megasil, também trabalha nesse mercado em que estamos, uma herança da família do seu marido. "Já dei o resumo da Megasil. Agora continuem", diz ela, interessada em saber mais a respeito do que fazemos ali. Ainda intrigada, pergunta:

> *Mas como é que chegaram à Megasil? Porque nós somos pequeninos... a gente não divulga... se calhar o trabalho precisava ser divulgado... Estou há onze anos... às vezes há dificuldade... eu não consigo me dedicar mais, tenho três filhos... não consigo esticar... há muitas associações que têm apoio do Governo Regional, mas nós não... tivemos apenas o apoio da Junta de Freguesia... e estamos aqui há 22 anos.*

Concordo com Andrea e digo que vejo organizações que o Governo iniciou, ou seja, que vieram 'de cima para baixo', mas lembro a ela que estamos interessados em conhecer justamente exemplos que não foram constituídos por iniciativa governamental. Digo a ela que essa forma de início da Megasil tem um grande valor. Explico que fomos ao Instituto de Acção Social e que eles conhecem as iniciativas que apoiam, mas não sabem tanto das outras. São nessas que temos que ir, digo. Esses exemplos são os que mais precisamos olhar, conhecer, sentir, viver e, principalmente, ouvir, eu prossigo.

Conto a ela que vejo nos Açores, desde que cheguei, muitas iniciativas que o governo considera como de Economia Solidária, mas que eu soube da Megasil quase por acaso, já que as pessoas do IAS não sabiam como a cooperativa estava e se ainda existia. Mas por que não sabiam?

Andrea diz:

> *inclusive há cinco anos atrás quase fechamos as portas, porque as dificuldades eram muitas, não tínhamos ainda conseguido entrar no Modelo (hipermercado) e infelizmente deixávamos nossos produtos em minimercados... e tivemos uma grande queda em vendas. Levamos quase dois anos para conseguir botar nossos produtos no Modelo. Conseguimos entrar[2].*

Andrea comenta que a Megasil produz essencialmente biscoitos: de coco, caseiros, carrilhos (de milho), para além de massas sovadas e, duas vezes na semana, pão caseiro. Mas ela adverte que neste momento não estão fazendo pão, pois têm um forno avariado cuja peça precisa vir do continente.

Luciana pergunta se Andrea já ouviu falar de Economia Solidária e Andrea diz que não. Luciana fala que me conheceu em Lisboa e reforça que viemos de Lisboa pra cá para ouvir as pessoas.

Complemento que viemos para poder justamente ouvir e viver um pouco dessas associações e cooperativas daqui, pois em Lisboa não encontramos exemplos como esse. Falo de minha história no Brasil, da pesquisa com os recicladores de Porto Alegre. Pergunto se ela entendeu porque viemos de Lisboa e deixo-a à vontade para que pergunte tudo que queira. Andrea responde o que pensa:

> *Isso é uma piada. Fiquei pensando que hoje em dia isso já não existia. As suas crenças, a sua convicção. Cada vez a gente vê mais tudo materialista, mais egoísta, mais pelo poder. Eu própria deixei de ver... não gosto de ver novelas, não vejo noticias, deixei de ver, não suporto o Sócrates.... gosto de filmes de fantasia... pelo menos sei que não existe no mundo, nunca vai acontecer... prefiro ver fantasias.... os pequeninos (pessoas, organizações) cada vez mais pequeninos... o Governo cada vez dá mais na cabeça... os grandes cada vez com mais dinheiro... Isto é fé.... isto é vontade própria, isto é força de vontade.*

---

2   O caminho percorrido pela Megasil até conseguir ter seus produtos vendidos no Modelo, uma grande rede de mercados presente em todo o país, merece maior atenção e é tratado, com mais detalhes, ainda neste capítulo.

Estamos ansiosos e queremos saber se podemos ir até a Megasil para conhecer a organização de perto. Andrea diz que sim, recomendando que falemos com Bianca e que a mesma não se incomodará: "*ela, mais que todas, é a pessoa que ajudou sempre e ainda hoje em dia trabalha de dia, de noite, e que se não fosse o suor dela a porta já estaria mesmo fechada. No entanto é o suor dela que está ali e é a pessoa mais indicada para falar desde o início*".

Fico um pouco tímido de ir diretamente à Megasil e pergunto à Andrea se ela não poderia falar com Bianca antes. Não queremos ir em um horário ruim. Se a gente vier na segunda você acha um bom dia?, pergunto. Pensativa e mostrando um semblante novamente desconfiado, Andrea pega o telefone e liga para Bianca:

> *Dona Bianca, por acaso vais faltar segunda feira? É porque preciso ir aí... tenho dois inspetores para aí segunda-feira.... (rindo)... sim, sim, na parte da manhã... são dois estudantes... conheceram a Megasil, ouviram falar, deram indicações e estão fazendo sua tese, um estudo sobre a Megasil... queriam conhecer, saber desde o inicio, tu que podes dizer... não é nada, não te preocupes... eles querem conhecer desde o início, como é foi formada, essa história toda... tu estás há mais tempo que eu... só estou há 11 anos...*

Como na segunda-feira é feriado, marcamos para terça pela manhã.

Terça-feira, 19 de maio de 2009. Sinto medo de que a chegada à Megasil seja difícil. Estou com receio que nos olhem com desconfiança, principalmente devido ao que ouvi na ligação de Andrea para Bianca. Estarão abertas a nós? Deixo Luciana na porta da Megasil, ajudo-a a entrar na cooperativa devido ao seu pé fraturado e, em seguida, estaciono na rua ao lado.

Um cheiro muito bom toma conta do ambiente, desde a rua que dá acesso à Megasil: São os bicoitos que Andrea tinha comentado conosco uma senhora de cabelos grisalhos conta que

> *os biscoitos são o 'pagã' da Megasil, e a gente sem o pagã não faz nada né? O pagã é os seus pezinhos.... uma taça sem o pé não fica em pé... os biscoitos são o pagã da taça. Sem o pé a taça não se aguenta. Portanto, se eu deixar de fazer os biscoitos a Megasil vai-se embora então a gente não quer deixar a Megasil por isso fazemos biscoitos sempre.*

Andrea chega perto de nós e fala que não sabe se apresentou, mas que aquela com quem conversamos é Bianca, a pessoa que está desde o inicio, "*a nossa mãe, a mãe da Megasil*". Bianca continua: "*Querem começar pelo escritório?*". Você quem manda, eu respondo. Bianca nos leva a conhecer as instalações da Cooperativa Megasil. E então Bianca pergunta: "*eu não sei o que querem saber pra começar. Querem saber como começou? Faz favor. Venham comigo...*".

A cooperativa Megasil: um breve histórico

Andrea comenta, durante a primeira visita às instalações da cooperativa, que o nome Megasil representa as iniciais de algumas das pessoas que estavam no grupo que constituiu a organização, como já tinha dito quando estivemos no seu mercado. Bianca complementa e explica que é uma conjunção de nomes tais como Maristela, Emanuela, Gentil (sobrenome de seu marido), Zilá, entre outros.

Bianca leva-nos até o escritório da Megasil, no qual são emitidas as notas fiscais dos produtos vendidos, bem como o recebimento das faturas emitidas pelos fornecedores de insumos para a cooperativa. O espaço é pequeno, composto por uma mesa de madeira sobre a qual nota-se um computador e uma calculadora, para além de um armário de ferro e duas cadeiras.

Marina Bianca abre as portas do armário de ferro e pega dois rolos grandes de cartolina, enrolados e amarrados por elásticos. Ela cuidadosamente abre e desenrola as cartolinas, para nos mostrar. Ambas estão desenhadas e escritas a mão e ela, orgulhosa, diz: "*aqui reza a história da Megasil, do início... já está assim muito velhinho... aqui tem a história... fui eu que fiz... minha autoria*".

Nas cartolinas é possível ler:

A Megasil cooperativa nasceu há uns tempos atrás
Graças à assistente Letícia Moura dos serviços sociais
A Megasil cooperativa tem de soar contente
Para dar trabalho e apoio ao irmão deficiente
Damo-nos todas muito bem
Tratamo-las todas de igual para igual
Para que nunca se sintam uma pessoa anormal
Trabalho e brincadeira dividimos por igual
Pedimos a Deus saúde e forças para sempre nos ajudar
Já tivemos o apoio das entidades locais e regionais
Deus queira que no futuro nos ajudem cada vez mais
Até já fomos aceitas pela nova CEE
Vejam só... todos nos apóiam... ninguém nos dá com o pé...
Desejamos que no futuro se possa cada vez mais
Ajudar os deficientes a sentirem-se pessoas normais
Pedimos dinheiro ao governo para pagar em prestações
Para podermos comprar as nossas instalações
As instalações são antigas, precisamos consertar
Contamos com o apoio do equipamento social
Já fomos pedir à Câmara, ao senhor presidente
Ele disse por sua vez que o que pudesse fazia
Também fomos convidadas para a feira da Lagoa
Vejam só a competência só porque somos gente boa
Os nossos produtos são bons, bem aceitos no mercado
São todos muito gostosos e de preço muito barato
Tivemos muito boa vontade de conseguir isto tudo
Mas trabalhamos muitos meses sem receber um escudo
Não foi fácil conseguir para os maridos nos deixassem trabalhar
Foi preciso saber pedir e até promessas pagar
A promessa não foi grande, mas foi de boa vontade
Foi feita ao Divino Espírito Santo e à Santíssima Trindade
É com muito trabalho e também com muito sacrifício
Como muita gente sabe, nós temos muitos filhos
Não somos profissionais, somos apenas experientes
Mas sabemos agradar os nossos irmãos deficientes

Bianca faz questão de ler todos os versos em voz alta. Ao ouvi-la e ao visualizar os versos nas cartolinas, vivo um pouco da história da cooperativa com elas. É possível sentir sua emoção ao (re)lembrar os momentos que já enfrentou com as demais.

Digo que é muito interessante o fato de guardar esse 'pedaço de história', elaborado com cuidado e até mesmo com rimas: "*um dia eu tava na minha casa no tanque e as coisas foram vindo. Foi lavando roupa no tanque... que me inspira muito*", diz ela, rindo bastante.

Bianca diz que Nesia, deficiente auditiva e muda, e mais outra moça, diagnosticada como esquizofrênica, estavam em casa sem atividades após concluírem a escola, como já havia mencionado Andrea. As mães tomaram a iniciativa de ir conversar com uma assistente social, Letícia Moura, para ver o que podiam fazer, já que era muito difícil conseguir um emprego para elas. Juntas, Letícia, Bianca e as demais começaram a construir a cooperativa. Nas palavras de Bianca:

> *Tava na minha casa de tarde, no mês de julho... fim de julho de 1987... lavando roupa por sinal, bateu a porta a Maristela... que morava na minha rua mais abaixo um bocadinho... me chamou pra ir lá ter com ela... estava a mãe da Zilá, tu não conheces a Zilá, lá com elas... a mãe da Zilá mais mãe da Nesia, cunhada da Andrea, e elas andaram atrás da dona Letícia pra arranjar uma ocupação pra elas, porque elas estudavam na escola especial e já tinha acabado o tempo delas na escola... nessa altura é que surgiram as cooperativas, é que escutei falar de cooperativas... e lembrou-se que fizesse uma cooperativa pra integrar os deficientes, mas precisavam de pessoas pra trabalhar com elas... eu não sabia quanto eu ia ganhar ... eu nem sabia se ia ganhar... eu disse que sim sem saber se tinha ordenado se não tinha... mas pra trabalhar... eu queria trabalhar... e foi assim que surgiu...*

Não foi imediata a ideia de trabalhar com biscoitos: "*a gente não sabia o que podia fazer... a gente foi à sorte*". É interessante atentar para a confissão de que se lançaram à sorte, decidindo encarar um desafio e formar a cooperativa para, junto com as deficientes, começar a trabalhar com alimentação, fazendo biscoitos, bolos e comidas.

A incerteza não as paralisou. Muito pelo contrário, serviu como impulso para inventarem e efetivarem possibilidades, para mergulharem no incerto, para experimentarem, para viverem. Com olhar sereno, tranquilo, Bianca conta uma parte da trajetória:

> *Pronto, experimentamos... começamos ali na junta de Freguesia de Santa Cruz... não sei se já conhecem, que é aqui na rua de baixo... o presidente na altura emprestou-nos a cozinha... tinha lá uma cozinha, emprestou e a gente foi lá pra fazer biscoitos.... ninguém era profissional... e pra começar levamos de casa [os utensílios necessários]... eu levei uma pana... uma outra levou uma pá... levamos coisas de cozinha para experimentar... Nesia, mais uma moça, eu e a minha prima que já não está.*

A Megasil começou em Agosto de 1987, não sendo ainda um "negócio pra valer", mas com o intuito de primeiramente se constituir em um trabalho para mulheres. A organização não iniciou com o intuito de 'fazer dinheiro' a partir da venda dos produtos. Bianca explica:

> *era pra vender, mas era assim uma coisinha... quem queria comprar... e pra entreter aquelas moças... depois começamos aí a essas lojas aqui em cima... levar e experimentar... experimentar... algumas não queriam porque era deficiente que fazia... a gente fazia os bolos, botava num saquinho prontos, dez pra um lado, dez pro outro... e a Nesia levava uma parte pra um lado, e a Zilá pro outro, elas que faziam a distribuição... e chegamos aqui.... estamos no caminho.*

Bianca tinha cinco filhos na época, os quais iam para a Megasil com a mãe, já que não havia outra pessoa para cuidar das crianças: "*a gente começou assim, numa brincadeira. Depois é que fomos crescendo, tomando gosto e já cá estamos há 22 anos*".

No início, elas trabalharam muitos meses sem nada receber, já que o que conseguiam produzir era vendido em mercadinhos da região e a receita conseguida era suficiente apenas para comprar as matérias-primas. Quando sobrava algum dinheiro, adquiriam utensílios de cozinha e, aos poucos, deixaram de usar os equipamentos que levaram de suas casas.

Foram também progressivas as aprendizagens de Bianca no sentido de trabalhar e se comunicar com pessoas que tinham, para os padrões dominantes, dificuldades de comunicação e expressão, tais como as pessoas diagnosticadas como deficientes e esquizofrênicas.

Bianca comenta que esses processos não foram fáceis, sendo necessária muita força de vontade. No início, ela tinha ainda mais dificuldade para entender e ser entendida pelas integrantes da Megasil do que hoje: "*no principio era só 'uh uh uh' e movimentos com as mãos. Primeiro tínhamos que perceber o que elas estavam dizendo... mas depois pronto... hoje em dia falo com Nesia e Emanuela sem problema nenhum.... e elas também"*.

Por ser uma organização que trabalha com alimentos, a Megasil não pode receber pessoas que tenham doenças que causem secreções ou problemas de pele e, por isso, acabam tendo deficientes auditivas e portadoras de distúrbios psíquicos. Zilá, uma das integrantes do grupo inicial, já teve de deixar a Megasil porque começou a ter problemas na pele das mãos.

Bianca, citando o exemplo de Nesia, quem considera muito esperta, atenta e sempre em busca de realizar as coisas, aproveita a ocasião para desmascarar a ideia daqueles que consideram os deficientes como pessoas incapazes.

Bianca afirma que, ali, todas as pessoas são tratadas como iguais: *"a maneira que a gente teve de tratar sempre igual... não tratar de maneira diferente por elas serem deficientes... elas querem fazer tudo que a gente faz... contar as novelas, conversar, contar o que viram no fim de semana, por isso elas se sentem muito bem aqui"*.

Vale ressaltar que, nessa época, o trabalho na cooperativa ocorria apenas em tempo parcial, durante algumas horas no período da tarde. Elas começaram fazendo biscoitos, bolos de leite e outras receitas aprendidas com as mães das participantes. Faziam, também, pão e a mesma receita de massa sovada que vendem até hoje, mas coziam tudo nos fornos de dois fogões industriais movidos à gás:

> *Os primeiros fornos que a gente teve foram oferecidos de um lar de idosos em Ponta Delgada que fechou. O fogão já não tava em bom estado, mas pra gente servia porque não tínhamos nada né? e então veio do lar dois fogões daqueles. Então a gente começou a cozer massa e pão e biscoitos... tudo naqueles fornos.*

Bianca conta que conversaram com muitas pessoas para saber se tinham interesse em se juntar à cooperativa, mas que a maior parte queria primeiramente saber o valor do salário que receberia, antes mesmo de entrar na nova organização. Ela repete, com certo tom de crítica, que ninguém mais quis se unir à causa por não saber quanto ia ganhar, mas que, no que diz respeito às deficientes, mesmo na fase inicial, a Megasil chegou a contar com até setenta pessoas trabalhando juntas na cozinha emprestada.

Bianca tem quatro irmãos e conta que era difícil durante sua infância e adolescência porque gostava de estudar, mas sua família não deixou que ela estudasse muito, com medo que ela 'se perdesse' na vida, *"ainda mais sendo mulher*". Ela trabalhou com costura em casa quando ainda era solteira, mas isso não era o que gostava, já que sempre teve vontade de trabalhar fora, enquanto a mãe e o pai não queriam isso:

> *não podia trabalhar, mas foi sempre surgindo umas oportunidadezinhas... precisavam de uma mulher pra isso ou pra aquilo, uma loja, mas meus pais e meu marido nunca quis que eu fosse... e depois é assim... ser contínua numa escola... dos frades... quando chegou perto de começar, ele disse... porque você vai lá... temos os pequenos... e eu sempre querendo... sempre... eu queria aprender a ser cabeleireira e o meu marido não quis... cabeleireira... não era uma profissão vista assim... compreendes? Entretanto, já com cinco filhos... tinha todos menos a Greta, essa oportunidade da Megasil... não quis mais nada... falei eu vou....*

Bianca fala que tinha vontade de trabalhar fora há anos, embora nunca tivesse feito isso. Mesmo depois de casada, a vontade permanecia. Porém, seu marido não deixava e não queria que ela trabalhasse fora de casa: "*não foi fácil conseguir. eu sempre trabalhando sozinha dava pra minha vida. Mas eu quis experimentar. Vou experimentar o que é trabalhar fora*", diz ela, confessando que teve de brigar "*um bocadinho*" com seu marido para que conseguisse botar em prática sua vontade.

Ela reafirma que foi para a Megasil "*à sorte. Eu disse bem a gente vai experimentar, porque eu nunca tinha trabalhado e disse vou experimentar e olha... nunca nos desiludimos, levamos sempre isto pra frente*". Bianca comenta que os maridos de outras integrantes também tinham a mesma postura que o seu, o que fez com que esse fosse mais um elo de afinidade entre elas.

A fala e a atitude de Marina Bianca ilustram um ponto interessante: a Megasil não começou apenas para gerar trabalho a algumas mulheres com deficiência auditiva e esquizofrenia, mas também por iniciativa de mulheres que tinham vontade de trabalhar fora, mas não o faziam.

Bianca conta que no início o marido não queria, mas que hoje ele é o único homem da cooperativa e o responsável pela distribuição dos produtos nos mais diferentes pontos de venda. Ela explica que quando começou a trabalha na Megasil, fez de tudo até convencê-lo a ir trabalhar com ela: "*se viesse sozinha, ia ficar em desacordo, então falei: vamos os dois. Pra começar a cooperativa precisávamos de 13 cooperantes. Tínhamos 3 deficientes e tinha que ter os tutores delas. [Meu marido] Veio comigo e foi ficando. Começamos a trabalhar juntos*".

Se a Megasil deu os primeiros passos em agosto de 1987, foi apenas no fim de 1988 e no início de 1989 que a cooperativa se mudou para o prédio no qual está localizada até hoje. Pediram auxílio do Governo para comprar o prédio, mas conseguiram apenas um empréstimo. Surpreendo-me com o fato do prédio da cooperativa já ser de propriedade delas, e pago com o próprio trabalho de todas. Bianca comenta:

> *Isso é nosso! Pedimos dinheiro emprestado ao governo para não pagar os juros e na altura emprestou-nos. Foi 5000 da moeda antiga... 2000 foram a fundo perdido e os outros 3000 a gente foi pagando em prestações... todos os meses a gente pagava X... isso foi no Gabinete de gestão financeira... e aí só depois quando a gente veio aqui pra esta casa é que se comprou um forno elétrico que está ali, que vocês vão ver. Ele já tem não sei quantos anos.*

Bianca comenta que, com o passar do tempo e o aumento da produção e das vendas, a cooperativa foi se estruturando melhor. Um forno elétrico foi adquirido com recursos próprios da cooperativa, pagando em prestações com as receitas de vendas dos produtos que fabricaram.

Andrea não fala muito conosco nesta visita e reconhece: "*eu não gosto de estar às vistas*". Ela diz que a Megasil sempre enfrentou muitas dificuldades e que, mesmo com os inúmeros problemas com os quais se depararam, nem sempre foram em busca de ajuda e que, muitas vezes, ela e Bianca sofriam, sozinhas, em prol de resolver, sem divulgar o que se passava, mesmo em tempos difíceis. Andrea reconhece que se buscassem ajuda antes, poderiam resolver alguns problemas antes deles se agravarem.

A entrada em vigor, há cerca de 3 anos, das normas de higiene referentes aos Controle de Pontos Críticos e Análise de Perigos (HACCP, do inglês *Hazard Analysis and Critical Control Points*), representou um dos maiores desafios na história da Megasil. Alguns dos compradores dos produtos da Megasil passaram a exigir repentinamente essa certificação.

De acordo com Andrea, as coisas chegaram a um nível no qual elas não tinham mais como continuar sem ajuda: "*ou a gente vai a algum lugar ou a porta vai fechar*". Nesse episódio, a Megasil recebeu uma carta com todos os itens que deveria implementar, com um prazo muito apertado para o cumprimento de tudo:

> *Tivemos que pedir ajuda, dinheiro não tínhamos. Tivemos que por técnicos, despesas, tivemos que fazer obras... foi quando fomos à Câmara [Municipal]. De fato havia*

> *uma associação de apoio ao desenvolvimento rural e concorremos. Fizemos um orçamento, fizemos as obras, a gente teve que ir ao banco pedir dinheiro e descobriu-se outras coisas durante a obra. O orçamento não dava conta. Pedimos um crédito de curto prazo de cinco anos, mas não sabíamos que poderíamos recorrer a algum credito específico, a programas do governo. Eu já estava a espera, os fornecedores já estavam todos à espera, já estávamos sem tempo.*

Para superar a crise instaurada pela necessidade de adequação às normas do HACCP, Bianca pensa que a Câmara ajudou-as por uma questão de favor, porque conhecem as dificuldades que a Megasil tem.

Já Andrea pensa que só conseguiram obter êxito devido ao apoio de pessoas com mais posses econômicas e mais influência na Região Autônoma. Ela explica que o crédito que conseguiram junto ao banco (para completar o valor do subsídio) foi afiançado por seu marido (dono do mercado no qual ela trabalha), dona Marina de Letícia e Marina dos Anjos.

Essas duas últimas pertencem ao quadro de direção da cooperativa em termos formais, no estatuto, mas nunca trabalharam de fato com elas. São pessoas com uma situação financeira boa, que fazem parte da cooperativa no que diz respeito aos estatutos, mas não trabalham, de fato, na organização. Neste episódio, as duas emprestaram seu nome à Megasil para facilitar o acesso da mesma a um financiamento, o que é valorizado por Andrea:

> *Elas dão muito voto de confiança e nunca disseram que não. Expus o que tinha que ser feito, resolveram, assinaram os papeis e pronto. Elas nunca disseram que não. Eu que tenho os cheques da Megasil que devem ser assinados por ela. Eu que tenho o controle, os cheques ficam assinados comigo e ela nunca desconfiou. Eu tenho feito reuniões às vezes com elas mais pra dar noticias, mas, apesar disso tudo, elas tem me dado todo voto de confiança* (grifos meus).

Percebo, mais uma vez, a importância da confiança nas relações interpessoais entre elas, reforçada em vários momentos da história da cooperativa.

Andrea comenta que, desde sempre, elas muitas vezes não têm conhecimento sobre a maioria dos apoios governamentais disponíveis: "*o subsídio assim assado, mas eu não sei... a gente não sabe como funciona... Apenas entidades públicas... não chega ao cidadão normal*". Ela levanta uma questão interessantíssima que atravessa a história da Megasil: a distância entre o Governo e os cidadãos, principalmente no que diz respeito à obtenção de fundos por parte de organizações pequenas e sem grande influência política. Bianca, assim como Andrea, diz que também não tem muito conhecimento sobre certas coisas, fazendo referência aos apoios governamentais mencionados.

Com o apoio financeiro da Secretaria de Economia do Governo Regional dos Açores, a Megasil adquiriu posteriormente outro forno. Bianca considera que esse apoio ocorreu, em parte, graças ao fato da assistente social Letícia ter ajudado a Megasil por meio de sua influência no órgão estatal.

Andrea considera que existe falta de informação por parte das integrantes da Megasil. No início, elas tinham muitas visitas do governo, talvez pelo fato de Letícia Moura ser assistente social e estar *"naquele meio"*, conhecendo a respeito dos protocolos governamentais e levando sempre as informações para a Megasil. *"Mas ela tem lá sua vida né?"*, diz Andrea. Intrigados, perguntamos se Letícia ainda faz parte da Megasil, e Andrea diz que sim.

Quando questionamos se existiu algum problema entre elas, ouvimos: *"ela foi fazer a sua vida... tá muito ocupada... nós tentamos resolver... temos resolvido as coisas... mas quando estamos muito aflitas recorremos a ela"*.

Letícia ainda pertence à direção da Megasil, mas apenas nos estatutos. Andrea diz que ela *"tem outra vida já"* e que uma vez disse para elas: *"vocês já estão por sua conta... vocês já sabem fazer tudo sozinhas, agora desenrasquem-se"*. Andrea reconhece que a assistente social ajudou muito a cooperativa no início e que, agora, ela trabalha em um lar de Jovens, enquanto seu marido, que já foi presidente da Megasil mesmo sem nunca ter lá trabalhado, é o provedor da Santa Casa de Misericórdia.

Seria interessante, então, ouvir um pouco da história da Megasil a partir da própria Letícia?

No dia 03 de junho de 2009 fomos até a Megasil inicialmente com o intuito de saber delas sobre como encontrar Letícia, já que gostaríamos de saber dela mais informações sobre o início da cooperativa e de seu trabalho junto às meninas. Entretanto, no caminho para a cooperativa, julguei que seria mais apropriado saber primeiramente das atuais integrantes da organização suas opiniões sobre essa possível conversa entre nós e Letícia.

Por não sabermos da história e nem de possíveis brigas e desentendimentos no passado, considerei que esta postura seria uma questão de respeito para com elas. Antes de tomar a iniciativa de falar com Letícia, o que pensam Bianca e Andrea sobre essa possível conversa?

Ao passarmos pela esquina da rua da cooperativa, notamos que um caminhão estava obstruindo a passagem e então decidimos ir falar primeiramente com Andrea em seu minimercado. Ao lá chegarmos, notamos que ela estava ocupada recebendo materiais de fornecedores e efetuando pagamentos. Esperamos ela terminar e então lhe dizemos que fomos lá saber sua opinião sobre uma possível conversa com Letícia Moura. A expressão facial de Andrea é indescritível e traduz um misto de reflexão, preocupação e nenhuma felicidade ou alegria.

Digo a ela que gostaria de saber o que ela pensa a respeito, se considera ou não uma boa ideia. Ela responde que não possui uma opinião, que é neutra, mas insisto que sua opinião é muito importante para nós. Após terminar de entregar os cheques aos respectivos fornecedores, ela me acompanha até o carro, no qual Luciana aguardava, devido à sua mobilidade reduzida por causa do pé fraturado.

Após conversarmos um pouco sobre a cirurgia de Luciana, explicamos que a opinião de Andrea é muito importante. Falo que gostaríamos de saber, principalmente, se ela achava que seria interessante irmos conversar com Letícia, ou se havia tido no passado alguma espécie de atrito, desentendimento, ou algo do gênero. *"Algumas coisas a gente não deve dizer"*.

Andrea teve que fazer quase tudo para evitar com que a Megasil fechasse as portas, lutando com dificuldades dos mais diversos tipos, inclusive com relação à contabilidade, muitas do departamento de finanças do Estado, entre outras. Ela reconhece que Bianca tem um grande mérito em manter a Megasil de portas abertas por tanto tempo, já que a primeira (Andrea) não tira seu sustento da cooperativa, enquanto que a segunda sim, com uma retirada de cerca de 300 euros por mês.

Sentimos que neste momento é melhor não procurar Letícia, respeitando o tempo e os sentimentos de Andrea e de Bianca. Ninguém melhor do que elas próprias para saber o que já passaram e que impactos poderia trazer nossa atitude. O encontro com Letícia ficou para mais adiante.

Andrea nos convida a ver o resto das instalações e Bianca conta que elas já fizeram bolos de lêvedo na Megasil, mas que como o biscoito é o 'pagã' da cooperativa, não conseguiram manter todas as coisas que queriam.

Elas me apresentam Emanuela, a qual me olha de modo sério, quase bravo. Seu olhar bastante desconfiado chega a intimidar em alguns momentos. Bianca diz que ela teve meningite com 10 anos, mas entende tudo que falamos e que sabe ler os lábios. Sou apresentado também a Maristela, que não tem deficiência física ou psíquica diagnosticada e trabalha alguns dias da semana com elas, embora não esteja mais como cooperante da Megasil.

Andrea se despede e fala para combinarmos o resto com Bianca. Agradeço muito por seu apoio e ela diz que sabemos onde encontrá-la caso precisemos de mais alguma coisa. Agradeço também a Bianca por nos receber de 'braços abertos'. Ela responde que podemos voltar quando quisermos já que, atualmente, trabalham de 9 às 15 horas, todos os dias e, às quintas, também das 9 da noite às 11 da manhã de sexta, somente para fazer massa sovada.

Surpreendo-me com a duração da jornada laboral e falo que gostaria de ver o trabalho que fazem a noite. Bianca diz que devemos então vir de quinta para sexta.

> *Para ver todo o processo, desde o início, tinha que vir na quinta por volta das 11 horas da manhã, via como é que a gente amassa a massa... a primeira fase.... venham no inicio da massa... e depois pelas dez e meia da noite... às 6, 6 e meia minha colega que mora perto vem fazer as primeiras massas porque ela mora aqui perto. Às 9 horas eu venho, pego no batente e aí cozemos massa. Se quiserem vir, temos companhia... não incomodam... podem vir.*

Na saída ela nos dá biscoitos de coco, caseiros e carrilhos (de milho) para levarmos. "*Qualquer pessoa que vem cá é tratada por igual. Seja velho, seja novo, seja rico, seja pobre*", diz Bianca, quando agradeço pelo tratamento para conosco.

A cooperativa Megasil em 2009

Nem todas as pessoas que iniciaram a Megasil permanecem até hoje. Já passou pela cooperativa uma menina de dezesseis anos, diagnosticada com distúrbios psiquiátricos, considerada muito agressiva, a qual foi trabalhar 'batendo' massa, para que descarregasse toda a sua agressividade. Bianca fala que esta moça batia a massa tão bem ou até melhor que as máquinas, deixando de ser tão agressiva com o passar do tempo.

Uma antiga participante está com pensão por invalidez, devido à tendinite nas mãos. Outra, Beatriz, agora trabalha no hipermercado Modelo, pois o rendimento que obtinha na Megasil não era suficiente. E Zilá, que começou com o grupo, mas acabou por ficar com as mãos cheias de bolhas e não teve mais condições de prosseguir trabalhando com alimentos.

Bianca diz que entende a saída de trabalhadores da cooperativa ao longo do tempo, pois às vezes as pessoas precisam descansar ou mesmo acabam se aposentando, e que jamais poderia obrigar alguém a ficar, mas fala em tom triste: "*às vezes custa né... às vezes custa um pouco de tempo... mas pronto, é que as vezes não posso aguentar né? É a vida*".

Como já mencionado, a Megasil tem pessoas que constam no estatuto como membros, mas que não trabalham efetivamente na cooperativa: os *"cooperantes por presença"*. Dentre eles estão João e Letícia Moura, os quais participam somente de algumas reuniões esporádicas, já que apenas completaram o quadro inicial da cooperativa, que exigia treze integrantes quando da sua fundação.

Dentre aqueles 'que fazem a cooperativa acontecer' no cotidiano das lutas, há trabalhadores que são cooperantes, ou seja, que constam no estatuto como pertencentes à cooperativa - os *"cooperantes trabalhadores"* - e outros que lá trabalham mas que não são membros 'oficiais' da organização.

No grupo dos cooperantes trabalhadores hoje estão Bianca, Carolina, Andrea, Emanuela, Nesia (cunhada de Andrea), Maristela e Fernando Gentil (marido de Bianca).

Fernando se dedica à distribuição dos produtos da Megasil. Ele realiza diariamente as entregas em seu próprio automóvel, já que a cooperativa ainda não possui um veículo. Manoela, afilhada de Bianca, atualmente trabalha apenas duas ou três vezes por semana no turno diurno.

A cunhada de Andrea, Nesia, é surda e no momento está de licença médica devido a dores no braço, possivelmente por tendinite. Bianca diz que ela é a mais ágil e destra de todas com a massa dos biscoitos, sendo rápida, precisa e muitas vezes cortando a massa enquanto conversa com as colegas, sem sequer olhar para a massa em si. Bianca, rindo, confessa que já tentou imitá-la na façanha, mas sem sucesso.

Emanuela, que é surda, cuida do forno com grande precisão, se alternando entre dar forma aos biscoitos, colocar os tabuleiros com os que já estão formados e crus no forno, e olhar para não deixar com que queimem os que estão assando. Além disso, ao observá-la cortando e dando forma aos biscoitos, chama atenção a destreza com que realiza os movimentos.

No primeiro dia que cheguei à Megasil, Emanuela me recebeu com uma cara brava e séria, mas com o passar dos dias e o convívio na cooperativa, ela já sorri bastante, conversa e fala das dores que sente no joelho. Bianca ressalta que o trabalho desenvolvido na Megasil é levado a sério e que o respeito entre todos é fundamental para as atividades cotidianas.

Carolina é a que está há menos tempo na Megasil, mas tem uma relação muito próxima e amiga com Bianca. Ela gostaria de ter estudado mais e ser professora: *"nunca consegui estudar o tanto que gostaria. Eu gostava muito. Sempre gostei. Eu gostava muito da escola, aquele cheiro de giz... coisa boa. Eu gostava tanto de ir à escola"*.

Pergunto a Carolina porque ela não está na Megasil desde o início e ela me fala que só foi convidada por Bianca cinco anos atrás e que, desde então, aceitou o convite e não saiu mais de lá. A educação de seus filhos sempre foi uma prioridade para ela, que fala com orgulho do que sente por ter um filho que se formou advogado e que continua uma pessoa simples até hoje, tratando todo mundo de igual para igual.

Carolina comenta que o trabalho na Megasil vem aumentando progressivamente, em virtude do maior volume de encomendas. Ela diz que se comunica com Bianca muitas vezes sem sequer falar: "*eu mais a Bianca nos falamos por parábolas, sem sequer abrir a boca, só de nos olharmos. Todo mundo fica sem entender nada*". Bianca complementa dizendo que para bom entendedor, meia palavra basta.

Pergunto à Bianca o motivo dela ter essa relação tão próxima e de tanta cumplicidade com Carolina, inclusive quando precisa 'segurar a barra', já que ambas se apoiam bastante uma na outra. Ela diz que, por Carolina compreendê-la, acabaram desenvolvendo esta relação.

Na Megasil, há muitos anos, também trabalha Lúcia, a qual é órfã desde a adolescência e tem diagnóstico de problemas psiquiátricos. Bianca conta que sempre precisa ficar 'puxando' por ela, falando para ela fazer as diversas tarefas: "*ela enrola o biscoito, corta, enrola de novo.... ela as vezes está enrolando e nem está com a cabeça naquilo que ela está fazendo... está longe*". Lúcia chegou à cooperativa indicada por um médico:

> *o médico que lhe mandou. Através do médico dela que ela vai ter consulta até hoje, mandou uma pasta pro delegado de saúde daqui da Lagoa porque tinha conhecimento da nossa cooperativa que integrava pessoas deficientes, e o delegado de saúde veio ter com a gente, a gente trabalhava na Junta de freguesia ainda, com a carta do doutor Antonio Luiz, psicólogo dela, se podíamos pegar ela.*

Lúcia nunca foi remunerada com verbas da Megasil, já que faz parte de programas de renda do Governo e recebe pelo Rendimento Mínimo Garantido (RMG). Bianca considera que ela está bem melhor hoje do que quando chegou à Megasil, mais ativa, esperta e comunicativa.

No início, nem Bianca nem Andrea imaginavam que a cooperativa ganharia corpo e duraria tantos anos. Com o passar do tempo, alguns sonhos foram se concretizando e novos foram sendo construídos: "*a gente nem sonhava, nem de longe, que ia comprar uma casa. Compramos esse imóvel, quem é que pensava? No inicio não se sonhou em comprar o imóvel, mas agora já sonha em comprar mais... né?*".

Reflexiva, Bianca continua falando que se no início elas levaram até mesmo os instrumentos culinários de casa, hoje já conseguem ter a confiança de que podem adquirir o que precisam a partir do trabalho realizado: "*agora, se precisar de uma coisa, vou comprar. Embora seja pouco [o que ganhamos] mas já tem a confiança de que se eu fizer uma compra, vou ter que trabalhar pra pagar aquilo e sei que se trabalhar, vou pagar*".

No que se refere às relações entre as pessoas na Megasil, também são percebidas mudanças, já que "*no início não havia tanta confiança, companheirismo... hoje somos uma família.... por acaso as pessoas que se juntaram pra trabalhar eram pessoas conhecidas né? Mas não éramos uma família*".

As assembleias gerais acontecem sempre que necessário, mas não existem com intervalos de tempo definidos, embora elas tenham plena consciência de que o estatuto expressa que devem acontecer reuniões regulares ao longo do ano.

Os membros que recebem pelo trabalho na Megasil não chegam a ganhar um salário mínimo, tendo rendas mensais de aproximadamente 200 ou 250 Euros, de acordo com as vendas da cooperativa.

Bianca recebe um pouco mais por ter a responsabilidade de coordenar toda a produção, para além de tantas outras atividades: "*elas ganham 200 e uns trocos e eu ganho 300 e uns trocos porque eu tenho esta responsabilidade toda à minha volta. Se eu fizer mal eu é que sou responsável*".

Os descontos para a Segurança Social existem, mas são feitos com base em apenas 15 dias de trabalho por mês, devido à carência de recursos financeiros. Ninguém recebe subsídio de férias nem de Natal, mas se as vendas e receitas aumentam no fim do ano, os excedentes são divididos entre todas. Andrea comenta: "*Ganhamos mais, elas tem mais um bocadinho. Ganhamos menos, elas ficam à espera. Pronto, temos nossos fornecedores, nossos impostos, o Governo não espera, infelizmente o Governo não espera, a gente tem que pagar*".

Vale ressaltar, mais uma vez, que nem todas são remuneradas pela Megasil. Andrea não recebe absolutamente nada e outras, como Lúcia, são pagas diretamente pelo RMG.

Das vendas da cooperativa é que saem, portanto, os rendimentos dos trabalhadores, as verbas para pagamento de impostos, bem como todas as outras despesas para o funcionamento cotidiano, dentre as quais posso citar água, luz, óleo, matérias-primas, taxa de recolha de lixo, entre outras.

Quase todos os integrantes da Megasil tiram da cooperativa seu único rendimento. A maior parte trabalha em tempo parcial, geralmente das nove da manhã às quatro da tarde. Mas é complexa a divisão do trabalho na cooperativa.

Como já explicitado na seção anterior, a Megasil produz essencialmente biscoitos: de coco, caseiros, carrilhos (de milho), para além de fazerem massas sovadas e, duas vezes na semana, pão caseiro.

Devido à importância econômica dos biscoitos nas receitas da cooperativa – eles são o pagã da Megasil, de acordo com Bianca – durante o turno 'normal' de trabalho acima mencionado todas se dedicam majoritariamente à produção dos mesmos.

Já quando a massa sovada é feita, nas madrugadas, as senhoras que são surdas não trabalham, mas apenas Bianca, Andrea e Carolina. Lídia, filha de Bianca, trabalha durante algumas madrugadas com o grupo, mas isso não é constante.

A forte carga de trabalho e a carência de pessoal sobrecarregam as integrantes. Andrea comenta que quando Bianca falta, as coisas ficam quase impossíveis dentro da Megasil, já que não há quem a substitua no momento. Bianca admite e complementa que ela só se ausenta durante dois ou três dias na semana quando tira férias,: *"eu faço de tudo, do escritório à limpeza... tudo... se é preciso uma fatura, eu venho passar. É preciso atender o telefone, é eu que vou resolver"*.

Passamos várias madrugadas trabalhando juntos. Convivendo. Conversando. Em boa parte das manhãs, tardes e principalmente das madrugadas de convívio, falamos não apenas sobre trabalho, mas também sobre amores, relacionamentos e expectativas perante a vida.

Parece impossível, ao viver a Megasil, analisar as relações de trabalho apenas como tal, pois elas são atravessadas por muitos outros sentimentos e dimensões. Bianca diz:

> *eu sinto-me a mãe delas e faço tudo pra que elas... se eu precisar trabalhar mais do que elas, eu trabalho para não lhes ver aborrecidas... o Emanuela, tu vai fazer aquilo e aquilo... e ela diz que não pode... pronto, eu acabo indo fazer... e ela fica sem poder fazer e fica na sua e eu que vou fazer... gosto muito... brinco com elas, canto, faço tudo com elas, mas a tal coisa, quando é na hora de dar a sentença... as vezes é uma cara assim mais aborrecida e dizer que isso ta mal... aí elas também ficam... elas desrespeitam, não ouvem ninguém... mas ela vê na minha expressão que eu estou ruim, e ela fica mansa, e daqui a pouco vem me beijar, me abraçar... a Bianca tá boa... eu que sou ruim às vezes... e só esse fato dela reconhecer... é como se diz mãe é mãe... Mas é assim a nossa história.*

É muito interessante reparar a maneira como Bianca trabalha as características de cada pessoa. Ela não tem apenas uma enorme capacidade criativa, mas demonstra também ter garra e, principalmente, acreditar e valorizar os outros.

Bianca trabalha mais focada na parte da produção, apesar de fazer muito também da parte do escritório, já que faz manualmente as faturas e não entende de informática.

Apenas Andrea, Bianca e Carolina participam da maior parte das decisões estratégicas da cooperativa. Emanuela e Lúcia nem sempre conseguem entender o que se passa e Bianca é que depois senta com elas e explica tudo em termos gerais: *"pra elas entenderem determinadas coisas, tem que se perder mais tempo. Tem que parar, olhar, explicar e há certas coisas que se não for bem explicado, tem noção de umas coisas erradas"*.

As questões que causam conflitos na Megasil nem sempre aparecem com clareza durante o convívio. O fato de as demais cooperantes não trabalharem nas madrugadas parece causar certo incômodo e sentimento de injustiça para algumas, que comentam que Emanuela participou deste outro turno apenas uma vez e depois disse que não vinha mais porque o marido não queria que ela fosse embora sozinha pra casa.

A suspeita de ganhos diferenciados dentro da cooperativa pode suscitar reclamações nas relações entre as pessoas. Andrea comenta que esse também é um entrave para a entrada de novas pessoas, principalmente para a parte administrativa, já que não se quer colocar outras pessoas na Megasil que ganhem mais do que as demais.

É construída, mesmo com dificuldades, uma autogestão que aponta para as dificuldades da participação de todas. Mas é visível a vontade delas próprias em não deixar com que elas percam a autonomia sobre a cooperativa que construíram e passem a adotar práticas injustiças e desiguais.

Andrea tem bases de contabilidade e a Megasil contrata um contabilista que, a cada dois ou três meses, assina os papéis da cooperativa. Ela comenta sobre sua dificuldade em realizar as atividades administrativas, tendo em vista que também trabalha no mercadinho de seu marido. Ela diz que não recebe nada pelo trabalho que desempenha na Megasil:

> *eu, como estou à frente de tudo, não consigo chegar... se calhar tenho perdido um bocado... porque é preciso andar, saber... e eu também estou ocupada aqui, não consigo dar o que elas precisam. Precisava de uma pessoa no escritório, pra nos divulgar mais. Eu não tenho tempo pra fazer isso tudo. Muitas vezes eu faço as coisas da Megasil*

*à noite. Os clientes, fornecedores, pra pagar, mandar pra
contabilidade, eu muitas vezes tenho feito à noite. Era
supostamente ir uma vez na semana. Eu faço e não recebo.
O que eu faço, a responsabilidade que tenho na Megasil,
eu não recebo nada.*

Noto que existe certa dificuldade com relação à realização de cálculos matemáticos, principalmente por parte de Bianca, quando um homem chega à janela da cooperativa para comprar cinco sacos de biscoito. Na hora de informar o preço ao rapaz, fica nítida a dificuldade em realizar a multiplicação de cinco por 2,30 euros, preço individual de cada pacote do biscoito adquirido pelo homem. E por muito pouco a compra não saiu por 7,50 Euros.

Em uma das madrugadas, após mais de dois meses com o forno que assa os pães avariado, finalmente o técnico responsável pelo conserto chega às 23 horas, explicando que a peça teve de vir de Lisboa. Após cerca de trinta minutos o forno está em funcionamento e Bianca e Carolina decidem aproveitar a jornada para fazer pães, além das mais de cento e vinte massas sovadas grandes (um quilo cada) e das 95 massas pequenas (500g cada) desse dia. Com a ajuda do amassador elétrico, elas usam quarenta quilos de farinha que, juntamente com os demais ingredientes, são suficientes para cerca de quarenta e nove pães grandes e dezesseis pequenos.

A massa sovada é vendida por 2,50 Euros o quilo e o pão de um quilo por 1,20 Euro, devido a diferenças nos custos dos ingredientes de cada produto.

Comento com elas que fazendo compras em um mercado da ilha, reparei que os biscoitos delas são os mais caros e os que sempre estão em menor quantidade nas prateleiras. Carolina, falando apenas comigo, diz que o preço é maior porque elas utilizam ovos, banha, manteiga, ou seja, ingredientes tradicionais e de qualidade, enquanto que outras organizações usam 'pó de ovo' e outras matérias-primas de menor qualidade para baratear o preço.

Explico que vi no mercado a massa sovada de um quilo ser vendida por mais de três Euros e Andrea, demonstrando certa surpresa em descobrir o valor de venda utilizado, diz: *"nossa! Ganham muito dinheiro... ganham muito... porque eles compram a 2,20 mais o IVA né... e aí desconta 12%... e eles vendem a três e tal"*.

Os mercados descontam uma porcentagem dos preços dos biscoitos delas para finalidades de promoção, cartões, entre outras coisas. Mas ainda assim consideram que vale a pena ter o produto nos mercados maiores, como o Modelo e o Sol e Mar, pois vendem muita quantidade para eles.

O Modelo e o Sol e Mar demoram muito para pagar, as vezes levando até três meses. Quase todos os fornecedores pagam o aluguel da prateleira para terem seus produtos vendidos nesses mercados, e Bianca explica que a Megasil nunca pagou isso e nem pagará:

> *no início quando fomos pedir pra o produto ir pra lá, dissemos de vez que não tínhamos o calcanhol ($$$) pra poder pagar né, e o que podíamos fazer era um desconto. E é o que a gente faz, mas os outros fornecedores pagam, fazem o desconto como a gente faz e tem um empregado lá com o produto na prateleira. Nós não fazemos isso.*

Bianca aproveita o momento e fala da relação que os grandes mercados estabelecem com seus fornecedores, explicando que em muitos casos produtos são dados pelos fornecedores para serem promovidos nos mercados e vendidos a preços promocionais: "*mandaram-nos um fax perguntando com o que íamos colaborar em uma feira. Respondemos que não podíamos porque não tínhamos condições financeiras para isso*".

Ela complementa falando que os produtos da Megasil não precisam de promoção junto aos clientes, pois eles sempre são vendidos muito rapidamente, principalmente devido ao fato de serem produtos caseiros, com ingredientes naturais: "*o nosso chega lá vende... e os outros vão ficando*".

Surpreendo-me com o tipo de relação que a Megasil construiu com esses gigantes do varejo alimentício e pergunto a elas como se deu o início das vendas dos produtos para o Modelo e Sol e Mar nessas bases, diferentes das demais indústrias e fornecedores. Bianca e Andrea me contam a rica história:

> *andamos sempre em cima do Modelo, sempre, sempre sempre... andamos atrás do presidente da Câmara, andamos atrás da dona Letícia... ela conhecia não sei quem... andamos... quase 2 anos... eu [Bianca] tive que falar propriamente com a dona do Modelo. Ela morava aqui em cima na Lagoa. Tentei contato com ela por telefone, mandei massa, mandei biscoitos, fui com uma dessas moças que trabalham comigo. Fui lá propriamente falar com ela, dizer a ela que a gente tinha tentado de todas as maneiras entrar no Modelo e que não conseguíamos e que os clientes que vinham do Sol e Mar, às vezes iam no Modelo perguntar se não tinham o biscoito da Megasil, mas que no Sol e Mar tinha. Eu fui com essa conversa toda com a dona do Modelo. E aí a dona falou para que eu fosse ter com o senhor ali no Modelo, que ele ia botar os biscoitos lá dentro. Fui então com este senhor, fui a Ponta Delgada e aí foi o biscoito ao Modelo. E já estamos há dois anos*

ou mais atrás deles. Conseguiram a primeira vez depois deixaram de pedir.... e depois é que andamos e eu retornei a falar com essa senhora francesa... já pelo telefone, falei com ela que não entendia a razão porque tinha deixado de comprar... e sei que voltaram a pedir. E por sinal o Modelo é o hiper que compra mais biscoitos... mais que o Sol e Mar... entrou por último... e gasta mais biscoitos.

Bianca, Carolina e Andrea comentam que os biscoitos caseiros são os que mais vendem, seguidos pelos de coco e, por último, os carrilhos. A massa sovada chega ao Sol e Mar às sextas pela manhã e não leva muito tempo para se esgotar, já que têm clientes que reclamam que foram à tarde ou no dia seguinte e não encontraram mais o produto.

Pergunto, curioso, por quais motivos elas não aumentam o número de massas para esse mercado e Bianca me dá uma aula: "*porque também há outros fornecedores, outras qualidades de massa. Toda gente tem que ganhar. Todos tem que vender... todos tem que ter seu espaço*". Para elas, não existe o objetivo de **conquistar o mercado para a Megasil em detrimento da subsistência de outras pessoas e organizações**, que também dependem do trabalho que realizam.

Existem, ainda, outros problemas para a Megasil atualmente: dificuldades para atender aos pedidos que recebem, principalmente devido à falta de pessoal para trabalhar na cooperativa. Bianca comenta que já fizeram bolos de lêvedo, entre outras receitas, mas que deixaram de fazer justamente por falta de mão de obra.

Para a fabricação de cem quilos de massa sovada, são usados cinquenta quilos de farinha, dezenove de açúcar, para além de outros ingredientes. O trabalho começa no fim da tarde e, até a chegada da noite, a massa cresce. Só então elas enchem as formas, que crescerão ainda mais um pouco, antes de irem para o forno. Elas jogam farinha por cima da massa quando a botam para descansar para não grudar no pano que cobre.

O trabalho é cansativo e Bianca e Carolina contam que as costas doem mais do que as pernas. Os ingredientes levam uma hora a bater no misturador hoje, mas Bianca confessa:

eu já amassei muita massa na mão. Já amassei muita massa só nos alguidares (bacias), muitas vezes, duas, três vezes seguidas de dez quilos de farinha. Porque ali (na máquina) leva cinquenta quilos, mas dez quilos de farinha pra amassar à mão, numa pana assim... por isso se chama massa sovada, ela era sovada mesmo. Agora não sei como vai se chamar, mas por isso se chama massa sovada, era mesmo sovada.

Bianca conta sobre a relação que existe com o fornecedor de ovos da cooperativa, o mesmo há 22 anos, ou seja, desde o início das atividades. Às vezes, ele deixa de receber em dia sem reclamar, esperando com que elas tenham receita suficiente para quitar as dívidas, sem deixar de fornecer os produtos: *"desde que a gente começou, há 22 anos esse mesmo dos ovos. Por sinal muitas vezes faz-nos assim uma gracinha. Sabe a nossa situação e ele pode. Se não pudesse não fazia. Ele começou com a gente. O da farinha também já está assim, há muitos anos conosco".*

Elas perguntam se não vou ajudar. Carolina traz uma touca para mim e um avental. Peço a ajuda de Bianca rindo. Me visto para trabalhar com elas, ainda tímido e sem graça. Luciana pede para começar a tirar fotos com minha máquina fotográfica. Pergunta a todas se elas não se importam e nenhuma se incomoda com isso. Elas me convocam para começar a trabalhar. Visto o avental para ajudá-las no trabalho da noite.

Carolina diz para que eu vá com ela para começar a aprender a preparar as massas sovadas: *"pega-se na massa...nao é? faz assim e corta-se".* Para ela, parece fácil. Digo que não terei a agilidade que elas têm na hora de tirar as massas da bacia (alguidar) e colocar nas formas de alumínio. Tento uma vez. Não consigo e elas todas riem de mim. Ao invés de ter cortado um quilo de massa, o pedaço que cortei deve ter, no máximo, setecentos gramas.

Tanto Bianca quanto Carolina buscam me ajudar. Carolina repete o procedimento diversas vezes. Bianca está mais longe cuidando da pia e do forno. Volto a observar Bianca e Carolina tirando as massas das bacias, enrolando na mão, pesando e colocando nas fôrmas de alumínio. É fantástica a maneira como elas pegam na massa.

Levo e trago formas de alumínio para lá e para cá, de uma mesa de inox para outra, das mesas para os tabuleiros metálicos que vão ao forno. Lídia me explica que após as massas serem pesadas e colocadas nas formas, elas descansam por mais de uma hora cobertas, para depois serem cortadas com uma tesoura em forma de X na parte superior: *"para a massa 'abrir' e ficar mais bonita ao assar no forno".*

Carolina diz que quando ela e Bianca estão sozinhas não dá tempo pra nada, pois enquanto uma está fazendo uma coisa, a outra já está fazendo outra, e ao terminarem uma atividade, já há outra a ser iniciada, mal dando tempo de lavar as panas, muitas vezes.

Falamos sobre relacionamentos amorosos e assuntos dos mais diversos. Trocamos confissões que prefiro não comentar, em sinal de respeito à confiança que se estabeleceu entre nós. São quase 2 horas da manhã.

Luciana já voltou a Lisboa para se recuperar da cirurgia no pé e fazer fisioterapia. Em outra madrugada, chego sozinho à Megasil, sendo recebido por Carolina com muita alegria. Ela leva fotos suas de família para que eu possa conhecer os membros de sua família, seus filhos, marido, entre outros. Carolina mostra as fotos do casamento do filho com muito orgulho.

As madrugadas são repletas de contas. Elas passam muito tempo contando os bolos que precisam fazer para atender as encomendas, aqueles que precisam ir para o forno, além de pensando se vai faltar algum para as encomendas e se a massa vai ser suficiente.

Há uma preocupação permanente se as caixas de papelão coletadas por Fernando Gentil nos supermercados serão suficientes para acomodar todas as massas e biscoitos a serem distribuídos. As caixas de papelão poderiam representar um enorme custo para a cooperativa se precisassem ser compradas. Bianca comenta que nem o Modelo nem o Sol e Mar devolvem as caixas nas quais os produtos são entregues:

> *Algumas são oferecidas, mas se acaba, temos que comprar. A gente não pode mandar os biscoitos nos sacos e cada caixa era 1 Euro e meio mais IVA. Cada bolo custa 2,50 e uma caixa leva seis bolos e vai e fica, não volta. Tem semana que eles levam cinco ou seis caixas e ficam.*

Carolina pergunta, em um momento da noite, se vou lembrar delas ou sentir saudades quando eu for para o Brasil. Digo que sim, que ficarei com muita saudade delas todas. Percebo certa emoção nos olhos e na voz de Carolina e fico com a voz 'entalada' e emocionada. Também me emociono. Digo a ela que, em minha opinião, quando convivemos com alguém por obrigação, não necessariamente senti falta da pessoa, mas que quando é porque realmente queremos, por nossa escolha, nesses casos realmente sentimos muita falta e saudades, pois gostamos verdadeiramente das pessoas. Repito que estou aprendendo muito com elas e gostando muito de estar ali.

Fernando, marido de Bianca, chega por volta das seis e meia da manhã para levar duas caixas de biscoitos no Modelo da Lagoa. Depois de um tempo de conversa comigo, ele descobre que eu nunca comi coelho e me convida para almoçar em sua casa no domingo. Respondo que ficarei um pouco sem graça, tímido, mas ele insiste. Antes de eu sair, Bianca me explica como chegar a sua casa.

A Megasil tem extrema dificuldade em conseguir verba para atividades extraordinárias, tais como quebras de equipamentos, investimentos em infraestrutura, entre outros. Justamente por casos como esses, Andrea conversou com uma amiga sua, que disse que o reconhecimento do Estado com relação à equiparação da Megasil ao estatuto de IPSS só traria vantagens para a organização. Entretanto, um grande receio de Andrea é quanto à perda da autonomia com relação à gestão da cooperativa:

> *eu penso que é preciso a concordância delas todas, se é que elas vão concordar não é? Porque assim... nós deixamos de ser donas... de certa maneira... porque as IPSS, acho que acaba por ser uma instituição que o Governo pode nos.... assim... ainda não assentamos como é que é... ainda não sei como é que funciona as IPSS, mas a cooperativa nós é que mandamos.... são os controles nossos né? A gente concorre a um subsídio pra isso, não sei o que.... ou à Câmara ou ao Governo, mas aquilo é nosso né? Nós é que somos donos. E as IPSS... o governo de certa maneira é que manda... penso eu que é assim que funciona. Aquilo é nosso... se quiser fazer, fazemos, se não quiser, não fazemos... as consequências são para nós.*

Bianca, otimista como sempre, sugere que experimentem essa alternativa: "*quando a gente tem alguma coisinha, não perdemos tempo... sempre que temos uma oportunidade*". Ela conta que chegou a falar com Carlos Bastos sobre o desejo, e que ele indicou que solicitassem por escrito.

Elas fizeram um pedido – enviado por carta há cerca de dois meses – para que o IAS equipare a Megasil a uma IPSS. Entretanto, ainda não receberam qualquer resposta: "*esperamos uma resposta para marcarem uma reunião conosco. A gente sabe que quando se trata do Governo as coisinhas levam sempre um tempo*".

Percebo que não há um conhecimento pleno sobre o que a equiparação a IPSS pode proporcionar à Megasil, assim como sobre os procedimentos para essa equiparação:

> *dizem que a gente vai ter isenção do IVA, que podemos fazer um relatório anual com as nossas necessidades para o ano seguinte, para pedir ao Governo, e que ele vai ser aprovado, com necessidades de transporte, para salários, para obras, e o Governo dá. Não sei, ainda não estudamos a ver como funcionam as IPSS.*

É possível sentir, também, o descaso do governo pelo trabalho delas, para além de um forte sentimento de pertencimento à instituição e um grande orgulho de serem donas do próprio empreendimento, de poderem administrar seus próprios trabalhos. Todas deixam claro que não querem ser dependentes do governo e que querem continuar sendo donas de seus destinos dentro da organização, como já mencionei anteriormente.

Carolina mais uma vez lembra que Letícia Moura sabia da possibilidade de que a Megasil se candidatasse à equiparação a uma IPSS e que nunca mencionou isso com elas, nem sequer deu a ideia.

Andrea reflete que, na prática, a Megasil já funciona como IPSS há muito tempo:

> *já funcionávamos como uma IPSS, só não recebemos, só não somos reconhecidos. A gente não paga, mas damos trabalho às moças que vêm do Rendimento Mínimo. Já somos, mas não temos nome, porque a gente já integra pessoal.... Há anos... há anos que viemos fazendo isso.*

Sugiro a elas que, se já mandaram a carta para o IAS, se quiserem, a primeira coisa que podemos fazer é marcar para ir falar com Carlos Bastos, ou trazê-lo na cooperativa. Bianca responde que seria bom se ele fosse conhecer as instalações da Megasil, já que assim poderia ver como elas funcionam.

Entro em contato com Carlos Bastos novamente e consigo marcar um encontro para sexta-feira, dia 22 de maio, o qual foi desmarcado pela indisponibilidade de agenda de Carlos. Tento novamente agendar um encontro, mas a segunda data também é desmarcada.

Na terceira tentativa, em 05 de junho de 2009, finalmente o encontro acontece. Passo a madrugada trabalhando na Megasil na madrugada de 04 para 05 de junho até à 1h30 da madrugada, antes de ir para casa dormir um pouco. Às 10h50 já estou buscando Carlos Bastos diretamente no IAS para levá-lo à Megasil, na Lagoa.

É interessante ver que, mesmo depois da madrugada de trabalho dedicada à massa sovada e aos pães, lá estão Bianca e Andrea. Já chegaram, para o horário normal, Lúcia, Emanuela e a menina que realiza a limpeza hoje.

Assim que entramos, Andrea leva Carlos para começar a conhecer as instalações da cooperativa. Visualizo, na bancada em que as massas sovadas são envoltas em película plástica, peças de massa em formato de perna, cabeça e também um boneco, cuidadosamente decorado com feijões representando seus olhos. Bianca havia me explicado que estas peças são utilizadas para promessas.

A conversa entre Carlos Bastos e Andrea começa com a questão relativa à possibilidade da Megasil se candidatar à equiparação a uma IPSS. Carlos comenta que, de acordo com o que sabe, no IAS receberam da Megasil até hoje apenas uma carta, a qual Andrea mostra a cópia. Ele diz que nesta carta, estava expressa apenas a intenção da Megasil em ser equiparada a uma IPSS, mas se compromete a mandar por email a lista de documentos necessários e fala que o quanto antes elas enviarem essa documentação, o quanto antes ele encaminhará o processo para a análise por parte do departamento jurídico do IAS.

Andrea diz que acha que já enviou, juntamente com a carta, alguns dos documentos que Carlos mencionou verbalmente, tais como a cópia do estatuto da cooperativa. Carlos mostra uma expressão de dúvida, de desconhecimento sobre o assunto, e diz em seguida que se já tiverem mandado, não precisam mandar novamente, mas apenas aqueles que ainda não tiverem sido enviados.

Em alguns casos são necessários alguns ajustes e/ou correções nos estatutos das cooperativas que se candidatam a essa equiparação a IPSS, mas Carlos espera que no caso da Megasil isso não se mostre necessário, tendo em vista que implicaria em gastar mais tempo e recursos financeiros junto ao notário.

Carlos vai conhecer o escritório da cooperativa e conversa sobre a questão de computadores e sistemas, falando sempre das possibilidades de ajuda governamental após o reconhecimento como IPSS. Ele fala também sobre a possibilidade de pagarem uma 'coordenadora' para a cooperativa, uma pessoa para cuidar especificamente da gestão, frisando a importância de que a cooperativa tenha alguém para 'pensar' a gestão, podendo dedicar tempo a isso. Carlos diz que despesas com material de limpeza e com serviços contábeis também podem ser solicitadas, o que acabaria por 'liberar' uma parte das despesas atuais para que os salários aumentassem.

É ressaltada a importância de que as IPSS tenham atenção ao gasto das verbas recebidas já que quando um valor é destinado a um determinado fim, ele não pode ser gasto para outra coisa, e tem que ser devolvido em caso de não utilização e em caso de utilização parcial. Andrea fala que isso é uma questão de planejamento e de organização, mas Carlos afirma que muitas das organizações não conseguem cumprir com esse tipo de prestação de contas.

Carlos discorre a respeito da Cresaçor e da marca CORES. As meninas escutam em silêncio. Carlos responde que a funcionária do departamento jurídico que cuida da equiparação a IPSS está de férias e deve voltar apenas no dia 09, mas que acredita que se elas enviarem logo os documentos, até o fim de junho devem receber algum tipo de resposta sobre o pedido.

Carlos prova a massa sovada feita pelas meninas mostrando muita informalidade e falando sobre seu irmão e avó. Em clima de descontração, ele nem sequer usa os guardanapos que Bianca rapidamente tinha providenciado. Ao fim da visita Bianca dá a Carlos três sacos de biscoito, assim como ela fez conosco quando começamos a ir sempre lá.

Carlos agradece por 'proporcionar essa visita a ele', e confessa que acha que tinha mais de dois anos que ele não fazia nenhuma visita a alguma organização, dizendo que gostou e muito da experiência. Ele se coloca mais uma vez à disposição no IAS se necessário.

Até a visita, mesmo com o recebimento da carta, o IAS nunca fez nada para atender a Megasil, nem sequer respondeu a carta enviada, entrou em contato por telefone, efetuou uma visita por meio de algum técnico, ou mandou uma lista de documentos.

Para o IAS, em termos práticos, foi como se nunca tivesse recebido nada a respeito desta cooperativa, e a Megasil continuava até então sem noticias, por não ter conhecimento da legislação correlata e do que fazer para ser IPSS, já que desconhecia até mesmo o que era uma IPSS, apenas tendo ouvido falar sobre o assunto. Para além disso, vale citar o desconhecimento de Carlos e do IAS sobre o fato da Megasil ter enviado documentos ou não.

Outro ponto que merece cuidado é o pagamento de alguém para cuidar da gestão da cooperativa a partir do reconhecimento como IPSS, tendo em vista que isso poderia vir a descaracterizar de uma auto para uma heterogestão, ainda mais com alguém vindo de fora e 'contratado para isso'.

O posicionamento de Carlos mostra a visão do IAS e isso fica ainda mais explícito quando ele diz que precisam de alguém para **pensar apenas a gestão da cooperativa**, mostrando nítida separação entre o gerir e o fazer, para além de botar em dúvida a capacidade das integrantes para administrarem uma organização delas próprias.

É interessante reparar como Carlos fala da importância de visitar essas organizações, das características diferentes das instituições, pessoas, mas o 'mapeamento' sobre ES desenhado por Ronaldo Rosa Amparo, conduzido pelo IAS e capitaneado por Jaime Marins não foi realizado com base nessa visão.

Em outro momento na Megasil, conversando com Bianca, Andrea e Carolina sobre a visita de Carlos, pergunto sobre a questão da Cresaçor, que Carlos já havia falado durante a visita. Bianca e Andrea comentam que não ouviram falar e que não têm ideia de como ela funciona. Já Carolina diz que conhece a Cresaçor e que já esteve lá, demonstrando um bom entendimento a respeito da funcionalidade da organização:

> *eu sei o que é a Cresaçor porque eu já tive por lá. se for pra passar pela Cresaçor, eles tem as suas tendências. Essa Cresaçor não ajuda todos. Eu já fui nessa Cresaçor e não fomos ajudadas também. Já fui a reuniões lá. Aquilo é uma cooperativa mãe.*

Marina Bianca pergunta: *"mas pra chegar a IPSS pra que a gente precisa da Cresaçor?*". Respondo que uma coisa é totalmente separada da outra, ao menos teoricamente e ela comenta que achou que para chegar a IPSS elas deveriam primeiro fazer parte da Cresaçor. Fica nítido que a própria versão do Governo Açoriano da 'Economia Solidária' confunde as integrantes da Megasil.

Elas parecem decididas a não fazer parte da Cresaçor, ao menos por enquanto, mas interessadas em conseguir a equiparação à IPSS por parte do IAS. Bianca se mostra o tempo inteiro otimista: "*eu tenho esperança que agora vai ser [IPSS]... eles têm interesse... e o falar dele [Carlos Bastos] aqui, os conselhos que ele deu, como a gente devia fazer... eu penso que sim*". Enquanto ela sonha, faz planos e pensa em estratégias para concretizá-los, Andrea e Carolina se mostram mais 'pé-no-chão', advertindo-a que elas primeiro precisam esperar saber se a solicitação vai mesmo ser aprovada pelo IAS.

Quando perguntamos se elas já ouviram falar de Economia Solidária, o silêncio toma conta do ambiente. Ninguém conhece o conceito.

Bianca e Andrea conversam agora sobre o futuro da Megasil. Andrea fala que são necessárias melhores condições de trabalho. Bianca fala novamente do significado do trabalho, que vai além de ganhar dinheiro:

> *custa-me ver... lutei tanto... durante 22 anos... mesmo ganhando pouco, lutei sempre... e portanto agora tem pessoas novas, pra pegar... mas eu gostava que elas viessem praqui trabalhar não era só pra ganhar o seu dinheiro no fim do mês... praqui trabalhar pra arranjar um emprego, pra ter o seu ordenado... a pessoa devia estar aqui por gostar... por gostar de fazer isso.*

Em 06 de agosto de 2009, chego à Megasil e Bianca lá está novamente com sua filha mais nova, Greta. Todos já comentaram ser muito interessada em aprender sobre a organização e o trabalho. Pergunto à Greta se ela foi pra lá por pressão ou por vontade dela e ela responde prontamente que foi por vontade dela. Bianca explica que ela tinha um evento para ir, mas preferiu trabalhar na cooperativa. A menina diz que hoje vai ficar acordada: "*hoje eu não vou dormir*" e trabalhar toda a noite, já que no outro dia começou a trabalhar conosco, mas dormiu por volta das 2 da manhã juntamente com Maria, filha de Lídia.

Quando encontro Lídia, filha de Bianca, em Ponta Delgada, ela comenta que Bianca está trabalhando na Megasil excessivamente, além dos limites da saúde. Ela comenta que para ela própria, Lídia, não teria como conciliar o trabalho atual na Loja dos Açores com o trabalho na Megasil, namorar e cuidar dos filhos.

Bianca diz que queria que tivessem uma mesa com cadeiras mais confortáveis para elas descansarem ao menos 20 minutos na hora do almoço, bem como um microondas para esquentarem a comida. E hoje, qual seria a tua maior vontade aqui na cooperativa? A tua maior necessidade, sonho, pergunto eu.

A maior necessidade é o calcanhol ($$$). E de resto... pronto... não sei... mais pessoal pra trabalhar, mas que a gente pudesse pagar... porque temos aí duas, e agora vamos ter mais uma moça surda muda da assistência social... mas é uma coisa de trabalho até o meio dia... porque se a gente pudesse pagar mais qualquer coisa a elas, elas vinham todo o dia... e neste momento a mão de obra está nos fazendo falta.

Comento sobre a necessidade de ir para o Brasil por questão de saúde na minha família e tristemente me despeço com um 'até breve, Megasil!'. Fico emocionado e comento com elas que é porque a Megasil não é só trabalho, não é só fazer biscoitos e vender. Bianca completa:

Não... é muito mais do que isto... se a gente vai trabalhar numa fábrica... uma fábrica que já existe há anos... é mais um empregado que vai pra lá... mas não... isso nasceu nas minhas mãos, isso começou com uma pana que eu trouxe de casa... um alguidar... que vou mostrar o que é porque não sei se sabem o que é... portanto isso começou com panas que trouxe de casa, uma colher de pau. Trouxemos muitas coisas de casa pra isso começar. Isso nasceu nas minhas mãos, por isso eu gosto muito disso... gosto muito... e tenho pena de um dia que eu não possa trabalhar, porque não sou eterna né... e de ver... e que veja isso ou cair ou ficar assim com pessoas que não saibam levar pra frente como eu trouxe até agora... vai me doer muito... vai me doer muito, porque depois é assim... uma fábrica é uma fábrica... isso também é considerado uma fábrica, mas não sei pra mim tem muito valor sentimental, porque não é só o meu trabalho... e é isso... Numa fábrica, num sítio qualquer, não é igual como eu tenho aqui.

Megasil em 2010

08 de julho de 2010. Em um hipermercado na ilha de São Miguel, olho para os biscoitos empacotados e etiquetados à espera de quem os leve para casa. Minha primeira ação é a de buscar saber se estão fresquinhos, quando foram fabricados e o respectivo prazo de validade. Olho ao redor e percebo que também estão à venda massas sovadas, embaladas em película plástica. Desisto dos biscoitos e volto minha atenção às massas ou bolos, outra designação para o mesmo produto típico Açoriano.

A embalagem plástica fechada guarda mais do que delícias para o paladar. Para cada quilo de massa sovada produzida pela cooperativa Megasil, usam-se ovos, meio quilo de farinha, certa dose de manteiga, entre outros ingredientes: "*todos naturais*", orgulha-se Bianca.

Mas para além dos ingredientes mencionados, quantas gotas de suor são necessárias para que os clientes possam desfrutar de momentos de deleite gastronômico? Como são confeccionados os bolos (ou massas sovadas)? Como são as pessoas que produzem essas delícias? Em que horário trabalham para que aquela massa esteja tão fresca? Recebem ordenados justos? Trabalham para si ou para outrem?

Não está ao alcance dos olhos a dimensão de tudo aquilo que, em conjunto, precisa ser orquestrado para que os bolos estejam prontos e frescos na prateleira do mercado.

Saio do mercado e estou agora no Concelho da Lagoa, distante cerca de dez quilômetros de Ponta Delgada, capital da ilha de São Miguel, e me sinto novamente mais um dos seus cerca de quinze mil habitantes.

O ônibus sai de Ponta Delgada e leva cerca de vinte e cinco minutos na viagem. Chego às portas da cooperativa às dez para as nove, nesta noite de quinta-feira em pleno verão Açoriano. É julho, mas não faz tanto calor como em Lisboa e, com uma temperatura que talvez esteja por volta dos vinte e três graus, a sensação térmica é amena.

Mais uma noite de trabalho se inicia na Megasil, com o dia ainda claro. Ao me aproximar das janela da cooperativa, já vejo Bianca trabalhando concentrada no misturador elétrico de massa. Daqui a dez horas, a farinha dará origem a bolos, pequenos e grandes: "*agora fazemos massa também de segunda pra terça. A gente fazia 110 quilos. Hoje já fizemos 160, dobro de massa, duas vezes por semana. A gente tá fazendo o dobro de quando tu tavas cá*".

Bianca explica que esse aumento na produção das massas sovadas começou na Páscoa de 2010, devido ao início da aquisição deste produto por parte do hipermercado Modelo, o qual até então só comprava da Megasil seus biscoitos: "*A gente não pediu. Eles é que ligaram pra cá a dizer que gostavam da nossa massa, falando que queriam conhecer porque havia clientes deles que pediam 'massa da Lagoa' e eles não tinham*".

No contrato que rege o fornecimento de massas sovadas para o Modelo, Bianca incluiu uma cláusula explicitando que aceita devoluções de produtos não vendidos apenas em casos de algum erro da cooperativa, como uma vez que foram entregues sem a data de validade nas etiquetas. Ela fala, com certa indignação, que esse hipermercado leva até noventa dias para lhes pagar.

O novo contrato acarretou um necessário aumento grande na produção da Megasil no que se refere às massas sovadas. Apenas no dia de hoje, serão produzidas aproximadamente quatrocentas, entre pequenas e grandes. Em termos de comparação, esse número ficava em cerca de duzentas no ano passado.

Esse aumento na produção de massas sovadas em uma cooperativa que já tinha dificuldades para atender sua produção anterior não acontece sem consequências. Bianca fala que tenta, há meses, fazer estoque de biscoitos, mas que não consegue, produzindo apenas o necessário para atender os fornecedores existentes, o que acaba por impedir a Megasil até de entrar em outros mercados e lojas com seus produtos:

> *não sei se você conhece... chamam galinhas gordas, casas cheias... não? Nunca viste aqui? São de espanhóis... tem várias lojas em vários pontos da ilha... eles estão à nossa espera já há três meses... por biscoitos... pra dar uma prova... mas se for uma prova... como vamos botar biscoito se não temos capacidade? Eles fazem concorrência ao modelo e ao Sol e Mar... tenho a direção deles na minha carteira... já há bastante tempo quero fazer um estoquezinho... mas não dá.*

Bianca explica que, desde o referido aumento de produção, elas passaram a trabalhar também nas madrugadas de segunda para terça (de três às nove da manhã), para além de continuarem ainda 'virando' das nove da noite de quinta às nove da manhã de sexta).

Mesmo com o aumento da produção, o número de pessoas trabalhando na Megasil nas madrugadas surpreendentemente diminuiu. Hoje são apenas quatro pessoas: Bianca, Andrea, Carolina e Greta (não a filha de Bianca, mas uma adulta de mesmo nome). Greta é uma nova trabalhadora da cooperativa que tem vinte anos de idade e que, por enquanto, só trabalha com elas nas madrugadas de terças e sextas durante a produção das massas.

Mas Carolina não está lá, agora, fazendo as massas sovadas com Bianca. Bianca explica que Carolina não pode mais passar as noites inteiras com ela devido à necessidade de dar assistência à sua mãe, de 83 anos, que necessita de cuidados. Carolina agora chega às três da manhã, junto com Greta, a nova integrante da Megasil, e ficam até aproximadamente às nove. Por sua vez, Bianca e Andrea chegam às nove da noite e ficam até às três ou quatro da manhã.

Bianca comenta, também, que Lúcia tem chegado apenas por volta do meio-dia para trabalhar com os biscoitos e que, como hoje ela é a única que recebe a partir do RMG e não diretamente pela Megasil, elas não podem cobrar tanto dela.

Para piorar, Emanuela está de baixa médica há vários meses, pois teve de ser operada do abdômen e só deve voltar em agosto de 2010. Nesia, cunhada de Andrea, está na fila para operar o outro punho (já tinha operado um no primeiro semestre de 2009), e também ausente do trabalho cotidiano na cooperativa, contra sua própria vontade. Andrea, consequentemente, tem ido sempre nas noites e madrugadas.

A cooperativa, portanto, tem novo horário de funcionamento, já que, de segunda para terça, as atividades começam às três da manhã. Já nas madrugadas de quinta para sexta, são dois turnos, um de nove às três e outro de três às nove da manhã de sexta.

Comento que estou chocado com a atual quantidade de trabalho, com ainda menos pessoas trabalhando. Bianca diz que dividiram as madrugadas em dois turnos devido ao aumento das encomendas e ao fato dela não estar mais aguentando a carga pesada de virar as madrugadas sempre.

O suor, o amor, a garra, o cansaço e o sono são também ingredientes constantemente presentes. Bianca e Andrea não passaram o dia descansando para dedicar essa madrugada ao trabalho. Muito pelo contrário.

Andrea já dedicou boa parte do seu dia a cuidar dos filhos adolescentes, do marido, da casa, para além de ter trabalhado quase que em período integral no seu mercadinho. Bianca também já teve de cuidar do marido, filhas, netos, casa, para além de já ter trabalhado durante o dia na própria Megasil (geralmente de nove da manhã às três da tarde) e de dedicar, ainda, algum tempo na confecção dos doces que vende sob encomenda.

Andrea diz que não conhece ninguém que sofra o que Bianca sofre durante o cotidiano da Megasil e que ela está ali porque gosta, deixando claro que a Megasil não se resume apenas a trabalho: *"é como uma família. Acontecem situações pessoais e tentamos resolver. Aqui é pai, mãe, tia, avó, irmão. Isso que é uma instituição de solidariedade social. Não temos o dinheiro, mas temos o nome*", completa ela, rindo.

Do misturador elétrico, após mais de uma hora de funcionamento, enchem-se quase seis panas (bacias plásticas grandes), as quais rendem aproximadamente sessenta massas sovadas grandes (um quilo cada).

Nas panas, a massa que já foi misturada por mais de uma hora está agora dividida e tem seu merecido descanso. Cobertas por toalhas de pano, elas repousam agora por cerca de uma hora, antes de serem divididas manualmente no peso de cada bolo, passadas na farinha, pesadas, arrumadas novamente nas mãos e postas individualmente em formas untadas com banha. Após outro descanso de quase uma hora, todas são pintadas com ovos e finalmente vão para o forno. As massas descansam, mas Bianca e Andrea não.

É interessante notar que é praticamente impossível que uma pessoa carregue, sozinha, uma das panas, devido ao grande peso da massa. Tento realizar essa peripécia mas sou alertado por Bianca que não aguentarei sozinho, o que se confirma logo de início. Ainda bem que conto com sua ajuda e consigo, com ela, transportar a pana de uma prateleira até à cadeira sobre a qual ela será esvaziada.

As panas descansam, onde há espaço para elas, nas apertadas dependências da cozinha da Megasil e, para levá-las para próximo das mesas nas quais as formas de alumínio aguardam pela massa, Bianca e Andrea se ajudam e carregam-nas de cá para lá, transportando-as até uma cadeira de madeira colocada bem ao lado dessas mesas.

A intenção é de que, com as panas ao lado da mesa na qual estão as formas, e com a balança também ao lado, em uma altura um pouco menos desconfortável, elas consigam minimizar ao menos parte do esforço repetitivo e cansativo desta etapa do processo produtivo.

Como dito anteriormente, de cada pana saem aproximadamente sessenta bolos grandes, o que quer dizer que para cada um deles, Bianca precisa se abaixar em direção à pana apoiada sobre a cadeira, cortar a massa com suas mãos untadas em banha, erguer novamente o tronco, enfarinhar parte desta massa num pote de farinha junto à pana, pesar a massa cortada na balança colocada sobre um pote de banha também apoiado sobre a mesma cadeira e verificar se é necessário tirar um pouco ou adicionar mais massa para que o peso fique certo. Só após esses procedimentos ela entrega o futuro bolo para Andrea, responsável por cuidadosa e rapidamente 'dobrá-la', virá-la e colocá-la na forma de alumínio previamente untada.

Todos esses esforços musculares, ósseos, energéticos, são realizados por essas mulheres, numa madrugada como a de hoje, mais de quatrocentas vezes, e não são os únicos.

É impossível não reparar no suor que escorre pelo rosto de Bianca, Andrea e pelo meu próprio rosto. Bianca já havia me alertado para que eu fosse de calças curtas (bermuda) pois as noites têm sido quentes. Seguindo seu conselho, ajudo-as levando os bolos recém-saídos dos fornos para que esfriem sobre uma prateleira metálica coberta com sacos de farinha vazios. Após quarenta minutos, cada bolo é desenformado, embalado em uma película plástica, pesado, etiquetado e encaixotado.

Curioso, pergunto o que dá mais retorno financeiro para a cooperativa, ou seja, qual produto rende mais, entre os biscoitos, pães e massas sovadas. Nem Bianca nem Andrea sabem me responder, mas a segunda comenta: *"nunca sentamos a por preços porque há muita mão de obra de graça, horários que não se paga"*.

Pergunto se elas sabem por quanto está sendo vendida a massa delas no Modelo. Andrea ri e fala em três Euros. Bianca fica pensativa. Eu falo que a massa grande é vendida por 3,29 Euros e Bianca, ainda pensativa, fala que *"os mercados é que ganham tudo, pois ainda descontam do que nos pagam uma porcentagem para a promoção, para o cartão, para não sei mais o que"*. Andrea confirma que, após todos os descontos, elas recebem aproximadamente apenas 2,10 Euros por cada bolo grande.

Os registros e acompanhamentos administrativos na Megasil, como já admitido em 2009 por Andrea e Bianca, são raramente realizados e muitas das coisas são guardadas apenas na memória de suas integrantes. Não é exagero dizer que não há o funcionamento da organização em termos administrativos se Bianca e Andrea não estiverem presentes. E elas continuam plenamente conscientes disso: *"a gente precisava uma pessoa [para fazer] o que a Andrea faz. Fazer as coisas no escritório, dar entrada na mercadoria. Temos coisas a preencher todos os dias coisas e não há tempo"*.

Sento junto a elas durante a madrugada de trabalho para elaborarmos, juntos, uma estimativa dos custos dos produtos produzidos. Elas comentam que há tanta gente ali na ilha que não ajuda e que eu fui do Brasil até lá para ajudá-las. Respondo que não estou fazendo nada, que o mérito é delas.

Tivemos muita dificuldade para calcular os volumes de produção de 2009 e 2010 devido à escassez de registros, mas conseguimos chegar a números aproximados para, finalmente, conseguirmos ter uma ideia dos custos das matérias-primas para uma massa sovada de um quilo: 0,666 Euro.

A todo o momento Bianca se mostra curiosa e ansiosa para saber "se isso tá dando alguma coisa ou não, senão era melhor eu estar em casa sentada na minha cadeira", diz brincando. Em seguida, complementa: *"tenho muito amor por isso aqui, isso não é apenas uma questão financeira para mim"*, diz Bianca.

As caixas de papelão usadas para transportar as massas para os clientes continuam sendo uma constante fonte de ansiedade e preocupação para elas. As caixas são caras para serem adquiridas pela cooperativa (cada caixa custa cerca de 1,50 Euro e leva apenas cinco bolos grandes e cinco pequenos).

Geralmente, Fernando Gentil, marido de Bianca e distribuidor dos produtos da Megasil, é quem vai até os mercados recolher caixas vazias de papelão nos dias em que há disponibilidade.

Semana após semana, fica nítida preocupação das integrantes da Megasil com relação a se as caixas disponíveis serão suficientes para dar conta da demanda daquela semana, o que se agrava ainda mais com o crescimento da demanda pelos produtos da cooperativa.

Outra coisa interessante que vemos, ao elaborar o levantamento de custos em conjunto, é que se a Megasil comprasse todas as caixas de papelão que usa, gastaria aproximadamente 11.200 Euros por ano apenas com isso.

A Megasil poderia se beneficiar bastante de um planejamento em diversos sentidos: maior clareza com relação ao que gastam, ao que ganham, ao quanto estão trabalhando e, principalmente, ao que precisam para continuarem nessa empreitada, com saúde e solidariedade, por, pelo menos, mais vinte e dois anos.

Já passa da uma da manhã e o calor e o suor me consomem. No trajeto que faço e refaço com os bolos - dos fornos para as prateleiras -, cerca de dez passos e seis degraus me separam em cada trecho da 'viagem'. Em cada uma consigo levar um ou dois bolos, no máximo, e o sobe-e-desce da escada somado às altas temperaturas dentro da cooperativa e às temperaturas dos próprios bolos, causam uma sensação forte de calor.

Nas instalações da Megasil existem janelas com telas anti-insetos, mas ainda assim a sensação térmica é de alta temperatura, talvez pelo fato de não haver climatização e de dois fornos estarem ligados simultaneamente, somando-se ainda a isso o pesado e intenso ritmo de trabalho. O suor é uma companhia constante.

Abro uma das portas da cooperativa e vou 'tomar um ar' na rua. Me surpreende que, apesar de dentro da cooperativa não entrar nenhuma brisa, basta sair à rua para sentir que ao ar livre não faz calor. Muito pelo contrário, ainda que seja uma noite de verão, há um suave vento que parece frio ao deslizar sobre as gotas de suor sobre a pele.

Dois minutos olhando para as estrelas e tomando um ar fresco são suficientes para eu repor parte das minhas energias. De volta ao trabalho, as novidades e histórias ocorridas nesses onze meses em que permaneci fisicamente afastado da Megasil e de suas integrantes continuam a tomar conta do tempo e animar as atividades laborais. Muitas destas histórias, impublicáveis, carregam consigo um quê de confissões e, consequentemente, de grande confiança compartilhada entre nós.

O relógio vai se aproximando da uma e meia da manhã e os quatrocentos bolos precisam estar prontos já na manhã de sexta-feira. De tanto subir e descer os degraus, carregar peso para lá e para cá, e de passar tantas horas seguidas em pé sem intervalos ou paradas, os dois minutos de ar puro lá fora já não surtem mais efeito.

Os pés doloridos vão dando outro sinal de cansaço, ainda que, assim como elas, eu esteja de tênis. Andrea senta-se nos degraus e quase fecha os olhos. Brincamos que o sono está chegando.

Bianca está, como desde o início, aparentemente a todo vapor. Sento-me em um banquinho na própria cozinha, próximo ao forno elétrico e à pia. Meus pés respiram aliviados e imediatamente olho para os de Bianca: estão bastante inchados e o inchaço já se estende para o tornozelo e início da canela, mostrando as consequências impiedosas das inúmeras madrugadas dedicadas à Megasil.

É perceptível que, à medida que a noite passa, aumenta a vontade e a preocupação de Bianca e Andrea em deixar o trabalho o mais adiantado possível para Carolina e Greta. Mas chega uma hora que o trabalho começa a não render mais tanto quanto elas gostariam. Ao pesarmos os bolos na balança, alerto Andrea que ela está quase cometendo alguns erros devido à sua desatenção e cansaço. Ela admite que depois de certa hora já não consegue mais render da mesma forma.

São duas horas da manhã e Andrea está mostrando sinais de cansaço e sono. Eu sinto um misto de cansaço, calor e sono e sento-me mais uma vez, agora por cerca de cinco minutos. Andrea vai preparar o café na cozinha enquanto Bianca segue vigiando os bolos que estão assando nos fornos. Quando Andrea volta com as três xícaras, nos sentamos os três e tomamos os cafés - o meu puro, o de Andrea com adoçante e o de Bianca com leite - juntamente com uma massa recém saída do forno: uma delícia em todos os sentidos.

Aproveito o momento de intervalo – o primeiro da noite após cinco horas de trabalho ininterrupto – para comentar com elas sobre a carga de trabalho estar pesada para o pequeno número de pessoas com que elas podem contar atualmente. Bianca diz que tem sido um desafio grande para elas e Andrea comenta que tem enfrentado *um dia de cada vez*. Bianca complementa que gosta do que faz e repete com grande ênfase.

Até onde a saúde de Bianca vai permitir esse ritmo de trabalho? Ela sempre diz que, se puder, vai fazer bolos até os cem anos e que se considera uma pessoa muito agitada para ficar em casa ociosa, o que seria seu fim.

Andrea comenta que a Megasil já recebeu uma carta do IAS comunicando que foi aprovada a equiparação à IPSS. Entretanto, ela alerta que a carta apenas informou isso e que nem ela nem Bianca sabem quais os próximos passos:

> recebemos desde o mês de março, em termos do desconto da previdência, tivemos 3% de descontos: pagávamos 30% e agora pagamos 27%. Mas a gente queria saber o resto como é que é. Equiparação tudo bem, mas e os subsídios? Liguei pra lá pra ter com a Suzana Simões, jurista, mas eu ligo... e ela ta ocupada... vai ligar... mas não liga de volta... ligo de novo, mas ela ta ocupada numa formação... e não retorna... se tem que comprar um equipamento, se precisa isso ou aquilo, fazia para aquele ano... temos apenas uma declaração, mas de que adianta uma declaração? Como é que eu posso fazer o que tenho que fazer se eu não posso pagar? Falta, falta... a gente já se vem arrastando há 20 anos... só agora que reconheceram, então deveriam fazer direitinho não é?

Se, por um lado, é interessante saber que a Megasil já recebeu a carta do IAS equiparando a cooperativa a uma IPSS desde março, por outro lado é frustrante saber que até o presente momento usufruem apenas de um desconto de aproximadamente 3% nas prestações pagas à Segurança Social.

Carlos Bastos sugere que, para solicitar verbas ao IAS a partir do reconhecimento como IPSS, a primeira coisa que a Megasil pode fazer é levar a diretora do órgão à cooperativa *"para que ela possa sentir, cheirar, ver, ouvir a Megasil"*, já que ainda não existe acordo individual estabelecido entre o IAS e a cooperativa.

A verba para aquisição das caixas de papelão, por exemplo, pode ser solicitada ao IAS, mas antes é preciso que seja estabelecido um acordo bilateral. Vale lembrar que, de acordo com Bianca e Andrea, elas vêm tentando marcar uma reunião para discussão deste acordo desde que receberam a carta, mas até hoje sem sucesso.

Mais uma vez parece muito distante a relação, e ainda mais difícil a comunicação, para com o poder público, o qual pouco parece se interessar em prestar assistência ao público que deveria ser sua razão de existência.

Não é possível notar o lucro como máxima na Megasil, muito menos sua versão contemporânea dominante do 'lucro a qualquer preço'. Na cooperativa, há uma preocupação com os baixos rendimentos provenientes do trabalho e uma clara (e dita) vontade de aumentá-los. Entretanto, a atenção está primordialmente aos meios utilizados para realizar os trabalhos que fazem, aos modos pelos quais o cotidiano se organiza e desenvolve.

A postura perante outras organizações que manufaturam produtos semelhantes é um excelente exemplo para retratar alguns dos valores **praticados** na/pela Megasil. Não se quer conquistar mais mercado se isso implicar no risco de que outras pessoas, organizadas em outras associações e cooperativas, fiquem sem seus rendimentos. Não querem conquistar o mercado implicando na perda de condições de sobrevivência de outras pessoas.

Como já mencionado, fica então impossível separar trabalho e renda de amor, cuidado mútuo, confiança, formação profissional e amizade.

Ao longo das vivências e experiências coletivas, a relação com os integrantes da Megasil foi se estreitando. Lembro-me como se fosse hoje que, no primeiro encontro, Andrea me encarou com olhos desconfiados. Tempos depois, recordamos juntos desse momento e pergunto a ela como se sentiu. Sua resposta fala bastante sobre como a confiança se constrói nas relações para ela: *"Eu preparo-me. Deixo falar. Enquanto vou falando, vou me preparando devagarinho para saber o que vou responder... pode ser Policia, pode ser Judiciário, pode ser tudo"*, diz ela rindo a respeito da chegada ao seu mercadinho.

Lembro-me também que quando entrei pela primeira vez na Megasil, Bianca estava muito séria. Depois de tantos meses de convívio, ela demonstra outro humor hoje, sempre brincando comigo. Na primeira visita à Megasil, Emanuela e Lúcia mal olhavam na minha direção e, muito menos, me dirigiam a palavra.

A partir de 21 de maio de 2009, Bianca e Carolina não mais apenas me recebem, como também me vestem com um avental e me incluem em suas rotinas de trabalho e convívio na Megasil.

Sou cada vez mais bem recebido por todos e todas na Megasil. Lúcia já se expressa bem mais, falando sobre amor, inclusive. Emanuela me recebe com beijos e abraços calorosos.

Bianca pergunta por que escolhi a Megasil. Conto mais uma vez a trajetória que me levou até a cooperativa, ressaltando a importância de representarem um exemplo de uma organização coletiva que se estruturou a partir da mobilização coletiva e não 'de cima para baixo' ou por iniciativa governamental. Carolina diz:

> *gostei muito... se fosse outra pessoa, não te interessavas, e o mais engraçado é que quisesse encontrar uma cooperativa que não estava no governo.... percebeste? Quisesse saber*

se tinha alguma que não estava abrangida naquilo, não é?
Isso é o mais interessante pra gente... interessaste pela que
estava de fora.

Em determinado momento de uma madrugada na qual trabalhamos juntos, enquanto empacotamos biscoitos prontos, Bianca e Carolina reparam na maneira como eu encho os sacos transparentes e começam a rir. Pergunto por que estão rindo e elas explicam que é porque eu coloco os biscoitos no pacote empilhados em duas fileiras paralelas, enquanto que elas enchem o saco aleatoriamente. Indago, então, se estou fazendo de maneira errada e elas respondem que não, que assim como eu falei que aprendo muito com elas, que elas também aprendem comigo, parecendo ter gostado do jeito como eu arrumava os biscoitos.

Semanas depois, enquanto ensacamos biscoitos durante outra madrugada de trabalho conjunto, reparo que as pessoas agora ensacam os biscoitos em fileiras, assim como fiz. Bianca diz: "*alguém ensinou... alguém ensinou*". Surpreso, questiono se gostaram da ideia e Carolina comenta: "*fica mais direitinho... fica com outra aparência... está melhor*", para além de comentarem que fica melhor na hora de arrumar os sacos com biscoitos nas caixas de papelão, quebrando menos biscoitos durante o transporte.

Bianca comenta que achou uma ideia boa e que pretendem continuar. Andrea, com suas habilidades comerciais, diz que para o cliente que olha para o que compra essa apresentação visual é importante, porque ele vê que os biscoitos não estão quebrados. Bianca já tem 'olho clínico' para novidades e para perceber mudanças em potencial que podem trazer melhorias: ela potencializa invenções e arrisca.

Fico surpreso ao reparar como cada detalhe, cada atitude, por menor que seja, por mais descontraída e despercebida que seja, é observada com atenção por elas. Mais que isso, me surpreendeu como estão, principalmente Bianca, abertas ao novo, a tentar fazer as coisas de outras maneiras, mesmo quando foi algo que eu nem sequer sugeri ou pensei naquela possibilidade.

Bianca comenta que não gostaria que a pessoa que coordenasse a Megasil quando de sua saída sofresse tanto e passasse por todas as dificuldades que ela passou, mas que tampouco trabalhasse ali apenas pelo dinheiro, e sim por gostar, como ela sempre o fez. Ela diz que querer ganhar é normal, claro, e também é importante, mas que a pessoa precisa trabalhar ali porque gosta, senão ia acabar descaracterizando toda a cooperativa: "*quando se trabalha em uma fábrica ou indústria, o próprio sentimento é muito diferente*".

Bianca diz que se eu ficar em São Miguel, ela me convida para ser cooperante da Megasil. Dou um abraço nela, agradeço, rindo, e digo que por isso fico tímido: "*é uma maneira de te pores à vontade com tua timidez*", responde ela, rindo também.

Fiquei quase um ano fisicamente longe da Megasil, mas sou tomado pela sensação de que parece que estive ali mês passado, que o tempo parou, que não nos afastamos tanto tempo assim. Digo a Bianca, Carolina e Andrea que estou muito feliz de estar na cooperativa mais uma vez e elas respondem: "*parece que nunca saístes daqui não é?*".

São muitas horas de convivência. Muitas madrugadas de trabalho conjunto, conversas, confissões e discussões sobre os mais diversos assuntos. Desde maio de 2009, quando do primeiro contato com Andrea em seu mercadinho, sinto que passei, ao menos um pouco, a fazer parte de uma Megasil diferente, reinventada. E que, desde então, a Megasil também passou a fazer parte de mim, que tampouco sou o mesmo.

Considerações

Em um trabalho com inspirações cartográficas, como ressaltei desde o início desta obra, não se buscam generalizações nem a afirmação de supostas verdades. Todo conhecimento se refere a experiências e é circunstancial, construção de existência.

Não é meu objetivo demonstrar a veracidade de proposições e/ou hipóteses, mas sim buscar fazer ciência dando atenção às marcas dos encontros, aos sentimentos e às instabilidades que atravessam as convivências, ou seja, aos afetos. Portanto, como seria possível resumir marcas construídas durante vivências?

A intenção desta seção não é a de resumir os 'achados' das pesquisas, tendo em vista que de acordo com o método cartográfico, nenhum dado é encontrado, coletado: a pesquisa é construída coletivamente entre todos os envolvidos.

Sou parte integrante da investigação e testemunho meus próprios movimentos de conhecer o que não estava à minha espera, mas que é construído **entre** eu e todos os demais participantes. Não é exagerado repetir que as análises acontecem ao longo das vivências e não em um momento à parte, a posteriori.

Considero importante ressaltar, também, que faço um esforço para não **concluir pelas** pessoas envolvidas, já que não há um sentido único para as experimentações vividas. O que neste trabalho apresento é apenas o resultado de como fui afetado em um determinado espaço-tempo: cartografias de circunstâncias.

Neste sentido, de acordo com os objetivos explicitados na introdução desta obra, dedico esta seção a acrescentar algumas considerações, principalmente em forma de questionamentos relativos ao que as cartografias apontam sobre a Economia Solidária, especialmente em Portugal.

Gestão e Economia Solidária

Indubitavelmente, um ponto importante ao analisar-se organizações de Economia Solidária é o modo como sua gestão é realizada. As iniciativas de ES enfrentam desafios à sua consolidação, em especial por buscarem valores que batem de frente com aqueles capitalistas. Não obstante, em grande parte delas são perceptíveis dificuldades relativas à gestão dos empreendimentos, ou melhor, à uma administração que não os afaste de seus valores básicos e permita aos seus membros sobreviver com dignidade.

Não é tarefa fácil pensar em autogestão e em maneiras de gerir organizações que não visam o lucro acima de tudo que não as afastem de seus valores e objetivos, principalmente quando elas estão inseridas em ambientes nos quais a maior parte dos estímulos vai na direção do individualismo e da competição selvagem.

Gabriel Kraychete comenta que os integrantes de organizações de ES, em geral, "não possuem os conhecimentos adequados à viabilidade econômica e associativa das atividades que realizam"[1]. Muitas vezes, ao iniciar uma organização associativa, os trabalhadores têm poucas informações sobre o que este novo regime institucional representa, já que 67% dos entrevistados por Pinto[2], disseram não ter ideia do que seja uma 'empresa de autogestão'.

Mas a que me refiro quando falo em gestão? Faço referência a uma questão humana presente em qualquer experiência, onde é necessário fazer alguma coisa funcionar sem se fixar a formas padronizadas, que rapidamente se tornam obsoletas[3].

Inspirado em Kátia Aguiar[4], em lugar de tratar do problema da gestão,

---

1   KRAYCHETE, G. Economia popular solidária: sustentabilidade e transformação social. 2006. Disponível em: http://www.capina.org.br. Acesso em: 10 mar 2010, p. 2.

2   PINTO, J. R. L., op. cit., p. 140.

3   SCHWARTZ, Y. Le paradigme ergologique ou um métier de philosophe. Toulouse: Octanès Editions, 2000.

4   AGUIAR, K. Economia dos setores populares: modos de gestão e estratégias de formação. Dez 2006. Disponível em: www.capina.org.br. Acesso em: 10 mai 2010, p. 4.

busco refletir a respeito de um "modo de colocar a gestão como problema". Os modos de gestão, engendrados no campo social e disseminados no cotidiano (inclusive de trabalho), se referem às formas como os humanos produzem suas atividades e inventam modos de ser.

Mais que um tema central, "a gestão parece ter se tornado o remédio para qualquer mal ou condição para o sucesso de qualquer iniciativa"[5], em grande medida porque os modos de gestão e de produção são produções de mundos, de existência.

Não é simples criar e efetuar a invenção de outros modos de trabalhar no mundo contemporâneo, já que sobreviver é um imperativo e os meios para isso não são de fácil obtenção. Essa necessidade de sobrevivência pode, em muitas vezes, expandir e concretizar potencialidades criativas. Entretanto, essas possibilidades podem também ser entendidas como efeitos da miséria e das desigualdades sociais.

As políticas de subjetivação capitalistas têm como um de seus pilares uma concepção de gestão corporativa baseada em técnicas e procedimentos prescritivos, preferencialmente tratados como apolíticos e neutros. Ela captura e desqualifica saberes acumulados na atividade prática cotidiana das populações em favor de uma concepção de eficiência que é sinônima de maior produtividade e lucro, com o mínimo de custos.

Os custos sociais e ambientais daí decorrentes não são aí computados, bem como a relação desses com o número limitado de beneficiados[6]. Ou seja, **importam mais os fins e os resultados do que os meios empregados para atingi-los**. E isso infelizmente parece se expandir e se naturalizar para todas as dimensões da vida.

De acordo com essas políticas, a maximização do lucro representa o benefício maior a ser alcançado e o custo mínimo é alcançado pela redução do número de empregos e dos salários pagos, pela conversão de bens comuns e naturais em matérias-primas, pela naturalização e expansão dos valores capitalistas como humanos, entre outros.

Em 1911, Frederick Taylor, considerado por muitos como um dos principais precursores da Administração contemporânea enquanto ciência, já deixava clara a direção dos seus desejos e objetivos quando afirmava:

---

5   AGUIAR, K., op. cit., p. 5.

6   PINTO, J. R. L., op. cit., p. 76.

> experimentos cooperativos falharam, e, eu penso, estão geralmente destinados a falhar, por diversas razões, dentre as quais a primeira e mais importante, é que nenhuma forma de cooperação foi até hoje desenvolvida em que a cada indivíduo é permitido livre espaço para sua ambição pessoal. A ambição pessoal sempre tem sido e vai continuar sendo um incentivo mais poderoso do que um desejo pelo bem-estar geral[7].

Percebe-se que a administração é tratada e difundida como ciência, majoritariamente pautada na padronização e ancorada em situações quase ideais. Ela produz subjetividades moldadas segundo os interesses da lógica capitalista.

Enquanto isso, a dimensão autogestionária pode agregar o improviso aos modos operatórios prescritos pelas normas, favorecendo a invenção e produção de outras subjetividades. É justamente por causa dessa possibilidade que precisa ser interrogada e questionada a forma como se organiza o trabalho[8].

O entendimento do que é a gestão por parte das organizações de ES e dos seus membros é bastante importante e deve ser levado em conta. Não são raros os estranhamentos gerados entre os próprios trabalhadores quando a questão é a organização do trabalho[9], já que é frequente que, em um mesmo grupo, apareçam diferentes concepções ou entendimentos sobre gestão.

Essa variabilidade pode ser (e muitas vezes é) identificada por algumas pessoas como uma dificuldade ou deficiência na formação dos integrantes do grupo quando os critérios utilizados para tal análise estão centrados na lógica capitalista corporativa, baseada na naturalização dos valores organizacionais e em sua homogeneização por todos os seus membros.

Em lugar disso, é possível entender as diferentes concepções e modos de administrar em um grupo como parte da multiplicidade que lhe constitui. É preciso, neste caso, buscar entender que cada um dos integrantes possui diferentes maneiras de agir, sentir, pensar, ser e, consequente, de gerir. É respeitando a multiplicidade e as diferenças que se pode exercitar e potencializar a invenção do novo.

Ora, então não se trata de buscar descobrir e aplicar o melhor modelo e/ou forma de administrar, mas de refletir coletivamente sobre o trabalho desenvolvido em conjunto, sobre os valores partilhados pelo grupo e sobre as condições nas quais o trabalho acontece. O que cada um pensa? O que cada um

---

7   TAYLOR, F. W. Shop Management. New York: Harper & Brothers, 1911.

8   AGUIAR, K., op. cit., p. 7-8.

9   AGUIAR, K., op. cit., p. 4.

deseja? Como podem ser construídos caminhos para dar conta dos desafios? Em que medida esses desejos potencializam a vida? Que consequências podem trazer? O que podem suscitar?

A autogestão está relacionada à construção conjunta de formas de trabalhar, de administrar e de viver. Nesse sentido, ela caminha em sentido oposto à crença da 'boa gestão', a qual promove a ideia de que há um caminho certo (ou melhor) e trata os trabalhadores como meros executores de estratégias elaboradas por outras pessoas, com desejos e interesses diferentes.

As práticas e significados da ES poderiam, então, impactar a própria percepção sobre o sentido de eficiência. Se essa diz respeito ao máximo de benefício com o menor custo, deve-se perguntar sobre a qualidade do que é benefício e sobre os significados do que é custo.

Podem decorrer das experiências novas condutas e percepções sobre a produção, o trabalho, o comércio, a técnica e o consumo. Isto redefiniria, consequentemente, os próprios termos pelos quais se entende a eficiência[10].

Embora teoricamente não exista a figura do patrão ou do gerente nas organizações de ES, muitos dos projetos, políticas, estatutos e conselhos dos especialistas – incluindo nesta categoria muitos acadêmicos profissionais –, mesmo quando discutidos e aceitos por um coletivo, veiculam prescrições[11].

Desta forma, levando-se em conta que o que é (pr)escrito não dá conta da realidade de trabalho e nem das necessidades coletivas, esses materiais precisam ser considerados apenas como um norte, uma referência a ser levada em conta.

Pinto[12] chama a atenção para o debate que surge no seio do movimento de ES no Brasil a respeito do papel das chamadas 'assessorias' (geralmente ONGs, sindicatos ou universidades) que atuam oferecendo suporte – inclusive relacionado à gestão – a organizações de ES. Ele questiona em que medida tais assessorias não limitam o acesso dos empreendimentos à palavra, à expressão de seus próprios interesses, acabando por reproduzir relações de subordinação e dependência em relação a estas instituições.

Esse debate precisa ser estimulado e alargado para também problematizar a atuação de acadêmicos profissionais. O ensino é necessário para formar quadros para as organizações solidárias e suas entidades de apoio[13]. Paul Singer

---

10   PINTO, J. R. L., op. cit., p. 75.

11   AGUIAR, K., op. cit., p. 6.

12   PINTO, J. R. L., op. cit., p. 79.

13   SINGER, P. A recente ressurreição da economia solidária no Brasil. In: SANTOS, B. D. S. (Ed.). Produzir para viver: os caminhos da produção não capitalista. Lisboa: Edições Afrontamento, 2003. p. 71-107, p. 103.

ressalta que a pesquisa também é indispensável para se conhecer a realidade da ES, para que se possa sistematizar a análise e avaliação das experiências e gerar proposições teóricas que sirvam para tornar essa outra economia mais autêntica e mais efetiva.

Como capacitar? Para que objetivos? Quem estaria apto a realizar esse tipo de capacitação? Capacitar seria realmente necessário? Em 2005, já existiam incubadoras de organizações de ES em trinta e cinco universidades brasileiras e o governo brasileiro está encarando cada vez mais a participação dessas universidades como estratégica e fundamental para o desenvolvimento da ES[14].

É preciso atenção e cuidado! Os objetivos do governo, de assessorias e de acadêmicos podem nem sempre estar alinhados com aqueles dos milhares de trabalhadores das mais de vinte e uma mil associações e cooperativas de ES (apenas levando em conta os critérios de classificação do próprio governo brasileiro). Além disso, qual a possibilidade de se 'ensinar com e para a solidariedade' quando, como já dizia Paulo Freire[15], "ninguém educa ninguém, ninguém educa a si mesmo, os homens se educam entre si, mediatizados pelo mundo"?

A gestão de iniciativas de Economia Solidária representa uma complexidade adicional para a consolidação dessas organizações. A Administração como área do conhecimento tem sido tradicionalmente dividida em uma vertente pública e uma privada.

Fundadas em princípios diferentes e com objetivos teoricamente distintos, nem a Administração pública nem a privada parecem ser suficientes para contribuir, sem descaracterizar, para a consolidação de iniciativas voltadas para valores como os da ES.

Mesmo quando o assunto é a gestão da própria educação, não é difícil visualizar uma verdadeira bola de neve destinada à reprodução de um ciclo vicioso: uma educação baseada nos pressupostos capitalistas e a administração da própria educação também baseada nos mesmos pressupostos.

Em cenários contemporâneos nos quais as teorias gerencialistas servem cada vez mais de base para todas as dimensões da vida, por muitas vezes a defesa de prescrições e concepções capitalistas de eficiência acontece entre os próprios acadêmicos e estudiosos da ES.

Supostamente advogando em prol da sustentabilidade desses

---

14   SINGER, P. A economia solidária vista a partir dos países do sul: Economia solidária no Brasil. In: Actas do Congresso Internacional de economia solidária, Ponta Delgada. Centro de Estudos de Economia Solidária do Atlântico, 2005. p. 131-139, p. 136.

15   FREIRE, P. Pedagogia do oprimido. Rio de Janeiro: Paz e Terra, 2002, p. 68.

empreendimentos, alguns avaliam as práticas da ES carregando uma concepção de sustentabilidade e de eficiência que está atrelada aos valores dominantes, disfarçada de suposta neutralidade ou de um suposto rigor científico/acadêmico. Alguns exemplos são encontrados na própria literatura produzida sobre a Economia Solidária e aqui já citada e referenciada.

Reforça-se a importância de olharmos mais vezes para as **maneiras** como as coisas são feitas, e não apenas para **em nome do que** são desenvolvidas ou para os **resultados** atingidos. Levantar bandeiras teóricas parece bem mais simples que vivê-las no cotidiano das relações que construímos.

Portanto, se por um lado pode parecer existir a necessidade de capacitar os trabalhadores associados na gestão do negócio de forma cooperativa, por outro lado, essa gestão precisa estar alinhada aos valores e fins das organizações associativas. Mostra-se importante a construção coletiva do que se entende por uma gestão, ou melhor, por uma autogestão, em termos práticos e cotidianos na ES, com no mínimo duas preocupações:

a) se o objetivo é que exista uma autogestão que não afaste as iniciativas de seus valores solidários, não se pode desprezar ou menosprezar os saberes dos envolvidos, daqueles que de fato fazem acontecer os movimentos e organizações de Economia Solidária;

b) quando olhamos para as universidades, os cursos responsáveis pela formação dos gestores, bem como os conteúdos relacionados à gestão preparam, em sua maioria, profissionais orientados para a importação de técnicas das 'melhores' escolas de negócios do mundo e, portanto, para reproduzirem a lógica capitalista.

É necessário questionar nossa própria atuação no campo nos diversos papéis que assumimos, seja como professores, pesquisadores, amigos e/ou companheiros destes trabalhadores. Por isso, concordo com as palavras de Luciane Uberti quando ela afirma que

> importa perguntar pela possibilidade de novas formas do dizer verdadeiro, pela chance de interrogar sempre mais uma vez as evidências, de modo a dissipar e retomar nossas próprias problematizações. Quem sabe, como trabalhadores da educação, poderíamos minimizar o afã de moldar a vontade política dos demais, distanciando-nos da posição de pregadores da verdade e da justiça[16].

Temos que estar atentos para que a gestão dos empreendimentos e para que nossa própria atuação como profissionais acadêmicos não funcione como

---

16   UBERTI, L. Estudos pós-estruturalistas: entre aporias e contra-sensos? Educação e Realidade, v. 31, n. 2, p. 95-116, julho/dezembro 2006, p. 111.

aparelhos de captura[17], despotencializando os objetivos dessas organizações e/ ou desvalorizando suas práticas e conhecimentos:

> a produção dessas estratégias de resistência encontra inúmeras dificuldades que se concentram, principalmente, na potência das formas tradicionais de organização do trabalho capitalista e dizem respeito sobretudo a uma cultura de desvalorização e desqualificação dos saberes cotidianos e práticos dos trabalhadores. O dispositivo que aciona estas formas de desqualificação reside, sobretudo, na crença da superioridade do conhecimento técnico e científico e de seus desdobramentos disciplinares[18].

É necessário, portanto, refletir e investigar sobre os sentidos de como os indivíduos percebem e valoram a si próprios e às suas relações interpessoais, o que é comumente evitado[19].

As estratégias de atuação utilizadas por universidades e demais entidades em conjunto com organizações de ES, inclusive aquelas voltadas à qualificação e produção não podem ser vendidas como pacotes fechados a ser utilizados. Ao contrário, elas precisam[20] ser produzidas nos modos cotidianos de viver e de trabalhar dos coletivos, já que essas associações e cooperativas constroem percursos próprios e não precisam de pacotes ou receitas prontas para atuar, mas de potencializar transformações voltadas para a vida.

Essa crença na superioridade do conhecimento técnico e científico parece mais claramente perceptível em grupos que ainda dão os primeiros passos em direção à autogestão após muitos anos de submissão a formas variadas de heterogestão. Nestes casos, os grupos (e o trabalho que estes desenvolvem) podem funcionar apenas no nível da execução de tarefas, deixando de explorar as possibilidades de invenção de produtos, estratégias de gestão e de criação de outras formas de trabalhar e viver.

Pensar na criação de outros modos de trabalhar significa[21] aderir à busca de produção da dignidade e do reconhecimento da capacidade de homens e mulheres para refletir e produzir seus modos de viver, de trabalhar e de existir, suas subjetividades.

Fica cada vez mais difícil desconsiderar que a ES exige novos referenciais – inclusive teóricos – que permitam uma melhor compreensão das possibilidades

---

17   DELEUZE, G.; GUATTARI, F. Mil Platôs. Rio de Janeiro: Ed. 34 Letras, 1995.

18   TITTONI, J., op. cit., p. 14-15.

19   PINTO, J. R. L., op. cit., p. 17.

20   TITTONI, J., op. cit., p. 15-16.

21   TITTONI, J., op. cit., p. 9-10.

que ela apresenta. É preciso olhar para os meios pelos quais as práticas de Economia Solidária "problematizam padrões fixos de comportamento e forjam novos vínculos e normas sociais no âmbito das relações econômicas"[22].

Seria ingênuo idealizar a ES: o exercício e a efetuação das suas potencialidades podem não desembocar em nada além da sobrevivência[23], isto quando bem-sucedido, o que já não seria pouca coisa, tendo em vista a dificuldade que é sobreviver no mundo contemporâneo para boa parte dos seis bilhões de habitantes do planeta. Mas repito: é importante pensar a ES como se definindo menos "pelo que nela está instituído e mais pelo que nela e dela transborda"[24].

Ainda que seja inegável que as organizações consideradas como pertencentes à ES se diferenciem das empresas privadas capitalistas pelo arranjo da produção e da distribuição, seu maior destaque se dá[25] justamente pela nova configuração mental para o trabalhador.

Não apenas existem esforços para que as riquezas se distribuam de maneira mais justa, como também no sentido de criação de laços sociais e de pertencimento a um grupo social, o que possui relevância ímpar em um mundo individualista como o atual.

Para não apenas pensar, mas efetivamente operacionalizar outros modos de vida não basta oferecer a todos a oportunidade de participar do jogo[26]. É necessário haver transformações pessoais, culturais, ruptura com o espírito do capitalismo. Nesse sentido, cada um de nós é parte do problema e da solução, inclusive devido à maneira como observamos, analisamos e participamos dessas experiências, as quais, em sua maioria, em muito nos antecedem.

É importante ressaltar também que as iniciativas de ES apresentam variados graus de institucionalização. Porém, enquanto que nas sociedades contemporâneas é visível o desenvolvimento de instrumentos escritos para salvaguardar interesses privados – contratos, acordos, entre outros –, quando se observam as relações interpessoais e as diversas instâncias de tomadas de decisão nessas associações e cooperativas, é perceptível a predominância da oralidade[27] em detrimento da elaboração de 'garantias' e documentos escritos:

---

22   PINTO, J. R. L., op. cit., p. 62.

23   ROLNIK, S. Despachos no museu: sabe-se lá o que vai acontecer. In: FONSECA, T. M. G.; KIRST, P. G. (Eds.), Cartografias e devires: a construção do presente. Porto Alegre: Editora da UFRGS, 2003, p. 207-218, p. 214.

24   BENEVIDES, R.; PASSOS, E. A instituição e sua borda. In: FONSECA, T. M. G.; KIRST, P. G. (Ed.). Cartografias e devires: a construção do presente. Porto Alegre: Editora da UFRGS, 2003. p. 341-355, p. 344.

25   CAVALCANTE, A. S., op. cit., p. 5.

26   LISBOA, A. D. M., op. cit., p. 112.

27   VALENTIM, I. V. L., op. cit.

a maior parte dos compromissos é firmada 'de boca'.

Logo, evidenciando-se a importância das relações face a face e orais nesse tipo de organizações[28],[29], também é tarefa dos 'apoiadores', sejam eles universitários ou não, atuarem no sentido de reforçar laços e valores associativos e solidários, pautados na igualdade entre todos.

Não pode ser esquecido que grande parte das milhares de associações e cooperativas se originaram a partir de mobilizações e lutas vivenciadas por seus integrantes. Essas experiências coletivas podem servir, entre outras coisas, para a construção e desconstrução de laços entre as pessoas e a solidariedade só é verdadeira se nasce da adesão voluntária[30].

Economia Solidária de quem e para quem?

Diferentes atores sociais, tais como os Estados, ONGs, corporações, Universidades e integrantes de movimentos sociais, possuem concepções diversas a respeito da Economia Solidária, inclusive no que consideram seus objetivos, projeto político e econômico. Consequentemente, lidam de modos diferentes com este fenômeno social.

Como conceito criado por acadêmicos durante a década de 1990, a Economia Solidária não possui definições consensuais. As definições variam de acordo com os valores, visões de mundo, entendimentos da própria profissão e objetivos de vida dos profissionais da Academia, tanto no Brasil quanto em Portugal.

Uma das contribuições das pesquisas realizadas neste trabalho se relaciona à carência de investigações focadas na Economia Solidária em Portugal e, mais especificamente, de pesquisas aprofundadas com os integrantes de organizações autogestionárias na Região Autônoma dos Açores.

A ES é vista, por parte do Governo Açoriano, como representante de uma fase transitória entre o desemprego e o retorno a um emprego em empresas privadas. Nessa concepção, no que se refere ao aspecto político, essas associações e cooperativas não são vistas como construtoras de formas organizacionais diferentes da heterogestão, hoje dominante.

A versão governamental da ES Açoriana não dá atenção aos valores que essas organizações constroem nas relações, aos objetivos que buscam e nem aos meios que usam para atingi-los.

Por sinal, é interessante ressaltar que o Governo dos Açores enxerga como pertencentes à Economia Solidária única e exclusivamente um pequeno grupo

---

28   Idem.

29   PINTO, J. R. L., op. cit.

30   LISBOA, A. D. M., op. cit., p. 114.

de organizações já conhecidas e participantes de uma única 'cooperativa-mãe', da qual acadêmicos e um funcionário estatal fazem parte do rol de fundadores.

Parece não haver reconhecimento, como pertencente à ES, de quaisquer outras organizações coletivas que não aquelas filiadas à Cresaçor. Consequentemente, as que 'não entram no jogo' têm seu acesso dificultado às políticas públicas Açorianas específicas voltadas à ES.

No Brasil, em contraste com Portugal, a concepção de ES é diferente para uma parte dos profissionais acadêmicos, mas semelhante para outra parte deles. A concepção governamental brasileira se assemelha à Açoriana em alguns aspectos, já que a Secretaria Nacional de Economia Solidária foi idealizada e construída para criar empregos, autoempregos coletivos, para os desempregados, conforme entrevista dada por Paul Singer[31].

Hoje, no Brasil, existe um projeto de lei para que esta secretaria nacional saia do Ministério do Trabalho e Emprego e vá para um ministério a ser criado, dedicado a micro e pequenas empresas, o que mostra um ponto de aproximação entre as concepções dos dois governos no que diz respeito ao entendimento dessas organizações coletivas.

Entretanto, ao menos no Brasil, vários atores sociais ligados ao fenômeno social da Economia Solidária têm construído resistências a isso, por considerarem que seria uma descaracterização do movimento e de seus valores.

Muito tem sido investigado, analisado, e escrito sobre a Economia Solidária nos últimos quinze anos, em diversas áreas do conhecimento e partes do mundo. Entretanto, é ainda pequena a parcela de estudos que busca investigar o que a ES constrói, de acordo com as vozes, sentidos e sentimentos das pessoas que fazem parte de suas associações e cooperativas.

Resta ainda perguntar: os integrantes de organizações autogestionárias se reconhecem como parte desta outra economia? Sabem do que se trata a Economia Solidária? Em suas opiniões, o que a ES rotula, traz e potencializa?

A Megasil não conhecia inicialmente o conceito de Economia Solidária. As práticas parecem vir antes da conceituação e as pessoas são posteriormente adjetivadas como pertencentes a esta outra economia por alguns, mas nem sempre por si próprias. As vivências com os integrantes dessa organização mostram que eles não se viam como pertencentes a esta outra economia. Ora, então é uma Economia Solidária na ótica de quem? Dos profissionais acadêmicos, funcionários estatais e ONGs? É Economia Solidária ou um projeto por uma economia solidária? Essas duas coisas parecem, em vários

---

31   SINGER, P. Brasil: El papel del Estado y de la sociedad. America Latina en movimiento, n. 430, p. 20-22, mar 2008.

momentos, coisas diferentes.

É fato que a Economia Solidária atravessa um campo de estudo e pesquisa para acadêmicos, uma bandeira política para alguns legisladores, entre outras acepções, de acordo com o ator social. Para algumas associações e cooperativas que conseguem se articular, representa um movimento social.

Mas algumas perguntas que atravessam são: quais os impactos, na ótica das pessoas que trabalham nas associações e cooperativas, de um conceito como Economia Solidária? O que o conceito pode trazer no sentido da construção de sociedades mais colaborativas, mais igualitárias e justas? No sentido de que elas atinjam seus objetivos?

Parece que muitas vezes membros de organizações consideradas por alguns como de Economia Solidária sequer participam dessas discussões e, portanto, questões como as levantadas neste parágrafo podem ser interessantes perguntas norteadoras de futuras investigações.

As vivências na Megasil me fazem concordar com Armando Lisboa quando ele considera[32] que uma das originalidades que algumas organizações de ES trazem é estarem no mercado sem se submeterem à busca do lucro como máxima.

Essas organizações abrem mão da possibilidade de maximizar o retorno financeiro em função de uma perspectiva social que inclui, na Megasil, a atitude de considerar que todas as organizações, mesmo as concorrentes, têm que ter espaço no mercado. Como Gabriel Kraychete diz[33], há uma 'solidariedade' que poderia ser entendida como irracional do ponto de vista de uma empresa capitalista, mas que tem sentido do ponto de vista da reprodução da vida naquela organização.

O caráter político do que é realizado na Megasil não parece estar contido apenas no que seus integrantes fazem – produção de alimentos – mas nos modos como trabalham e vivem, no que transborda nas relações que estabelecem, no que suscitam e provocam em todos aqueles com os quais encontram.

Se considerarmos que a Megasil pertence à chamada Economia Solidária, é possível dar atenção exclusiva às relações de trabalho nela existentes e desprezar os sentimentos que as atravessam tais como os de amizade e família? Qualquer tentativa nesse sentido poderá mostrar-se amplamente redutora e, principalmente, desrespeitosa para com seus integrantes e o projeto de vida que constroem.

A forma como os profissionais acadêmicos enxergam estas organizações

---

32 LISBOA, A. D. M., op. cit., p. 109.

33 KRAYCHETE, G. Economia solidária: conceitos e contexto. Seminário Internacional sobre Economia Solidária: desafios para um novo tempo. Salvador: Fundação Luis Eduardo Magalhães, 2002.

parece ter uma grande importância. Portanto, vale ressaltar que o modo como essas iniciativas são vistas e a maneira como são (re)tratadas podem servir justamente para bloquear suas potencialidades de resistência e de reprodução da vida em bases diferentes daquelas da lógica dominante.

No sentido do supramencionado, dois pontos podem receber maior atenção em futuras pesquisas:

a) a necessária humildade para entendermos e admitirmos o quão ignorantes somos quando tentamos construir um conhecimento 'verdadeiro' ou 'correto' sobre a Economia Solidária baseados nos rígidos princípios da ciência contemporaneamente dominante;

b) são necessárias investigações que analisem criticamente os modos de atuação e os papéis de acadêmicos profissionais. É necessário colocar a Academia no foco de sua própria investigação, já que ela demonstra grande capacidade em analisar outros entes, mas ainda 'engatinha' quando o assunto é analisar a si mesma.

No sentido do segundo item acima, qual a importância de praticarmos o que pregamos? Pode a Economia Solidária, como projeto político baseado em outros valores, ser tratada como um 'objeto' de investigação e, neste sentido, buscar-se a suposta neutralidade e o distanciamento dos pesquisadores, sem necessariamente existir a prática desses valores por aqueles que os defendem cientificamente? Pode a Economia Solidária ser defendida sem ser vivida? Podem valores ser pregados por pessoas que não os vivem?

Questões como estas podem ter grande relevância para debatermos um tema como a Economia Solidária hoje, em sociedades nas quais o capitalismo desenvolve-se como lógica dominante. Não apenas como um sistema de produção econômica, mas como regime de produção de mundos e sentidos.

Se a Economia Solidária for compreendida e vivida como possuidora de um projeto político que busque valores tais como a solidariedade, o igualitarismo e a autogestão, parece ainda mais importante que tais essas questões sejam debatidas.

Aprofundar questões como as elaboradas acima parece importante para que aqueles que lidam com essa outra economia não caiam na armadilha de, ao se deslumbrarem com a celebração de sua força de criação e de sua postura transgressora e experimental, e fascinados com o prestígio daí proveniente, se entreguem voluntariamente à cafetinagem promovida pela lógica capitalista, tornando-se "os próprios criadores dos mundos fabricados para e pelo capitalismo nesta sua nova roupagem"[34].

Os valores de uma outra economia, bem como de outros modos de

---

34   ROLNIK, S., op. cit., p. 18.

sentir, pensar e viver, só se consolidam e ganham consistência se existirem na prática de pessoas e grupos: novas atitudes e sensibilidades.

A questão, portanto, não é mais se devemos ou não nos organizar, e sim se estamos ou não reproduzindo os modos de subjetivação dominantes[35], em todas as nossas ações cotidianas, inclusive aquelas de suposta militância, crítica, pesquisa e educação.

Nesse sentido, pensar em Economia Solidária – se desejarmos manter esse conceito – exigirá de nós um esforço no sentido do alargamento da maneira como olhamos para as pessoas, como convivemos com elas, bem como do que entendemos por pesquisa e modos de realizá-la. Isto, claro, se o rigor científico for entendido como, acima de tudo, respeito às pessoas que constroem conosco o que chamamos de ciência.

Fim e Início

Que mundos construímos quando cada vez estamos mais individualistas? Sim, o mundo não é exterior, não está à nossa espera, mas o construímos com cada uma de nossas atitudes. Nos falta acreditar no mundo. Ou talvez desacreditar no mundo que construímos, no pensamento dominante, para reconstruir um mundo mais solidário e igualitário em cada uma de nossas ações, desejos e sentimentos cotidianos.

Precisamos acreditar em nós e nos demais seres humanos. Como diz Gilles Deleuze[36], perdemos completamente o mundo, nos desapossaram dele, e acreditar no mundo significa principalmente suscitar acontecimentos, mesmo pequenos, que escapem ao controle, já que é ao nível de cada tentativa que se avaliam a capacidade de resistência ou, ao contrário, a submissão a um controle.

As convivências que originaram este trabalho são inspirações, encorajamentos e estímulos para a construção de viveres baseados em outros valores, que não aqueles hoje dominantes.

Os valores que defendemos não estão apenas em nossas mentes, apenas no que falamos, mas nas nossas atitudes. É preciso acreditar que podemos construir novas maneiras de viver, sentir, trabalhar, agir e se relacionar. Precisamos aprender a criar estas novas maneiras. Precisamos tentar, ousar, enfrentar, combater, questionar. A esperança não vai nos ajudar se não dermos um passo. Se não agirmos. Precisamos arriscar!

---

35   GUATTARI, F.; ROLNIK, S. Micropolítica: cartografias do desejo. Petrópolis: Vozes, 2007, p. 203.

36   DELEUZE, G. Conversações. São Paulo: Ed. 34, 1992, p. 218.

Momentos Megasil
Ilha de São Miguel
Açores, Portugal
21 de maio de 2009
Fotos: Ana Mestre

Chá Gorreana
Ilha de São Miguel, Açores, Portugal
16 de maio de 2009
Foto: Igor Vinicius Lima Valentim

REFERÊNCIAS

AGUIAR, K. Economia dos setores populares: modos de gestão e estratégias de formação. Dez 2006. Disponível em: www.capina.org.br. Acesso em: 10 mai 2010.

AMARO, R. R. Reflexões sobre a economia solidária. In: Actas do Congresso internacional de economia solidária, 29-30 setembro 2005, Ponta Delgada. Centro de estudos de economia solidária do atlântico, 2005, p. 17-29.

AMARO, R. R.; MADELINO, F. Economia Solidária. Contributos para um conceito. 2. ed. Ponta Delgada: Projecto CORES, 2006.

ARRUDA, M. Socioeconomia solidária: desenvolvimento de baixo para cima. Rio de Janeiro: Ed. PACS, 1998.

BAUMAN, Z. Amor líquido: sobre a fragilidade dos laços humanos. Rio de Janeiro: Jorge Zahar Ed., 2004.

BAUMAN, Z. Confiança e medo na cidade. Lisboa: Relógio D'Água Editores, 2006.

BAUMAN, Z. Vida Líquida. Rio de Janeiro: Jorge Zahar Ed., 2007.

BEIERSDORFF, M. B. et al. Educação e trabalho através da Economia Solidária. In: Anais do IV Encontro de Economia Solidária, São Paulo. EDUSP, 2006.

BENEVIDES, R.; PASSOS, E. A instituição e sua borda. In: FONSECA, T. M. G.; KIRST, P. G. (Ed.). Cartografias e devires: a construção do presente. Porto Alegre: Editora da UFRGS, 2003, p. 341-355.

BERTUCCI, A. A.; SILVA, R. M. A. Vinte anos de economia popular solidária: trajetória da Cáritas Brasileira dos PACs à EPS. Brasília: Cáritas Brasileira, 2003.

CARCHEDI, G. The social face of european capitalism. In: TITTENBRUN, J. (Ed.). Capitalism or Capitalisms? Szczecin: My Book, 2009, p. 44-77.

CARRION, R. M.; VALENTIM, I. V. L.; HELLWIG, B. C. (Orgs.). Residência Solidária UFRGS: vivência de universitários com o desenvolvimento de uma tecnologia social. Porto Alegre: Editora da UFRGS, 2006.

CASTEL, R. As metamorfoses da questão social. Petrópolis: Vozes, 1998.

CHAGAS, W. Mundo e contramundo. Porto Alegre: Editora da UFRGS, 1972.

COCCO, G. Trabalho e cidadania: produção e direitos na era da globalização. 2. ed. São Paulo: Cortez, 2001.

CUNHA, D. Intervenção do secretário regional dos assuntos sociais do governo regional dos Açores. In: Actas do Congresso internacional de Economia Solidária, 29-30 setembro 2005, Ponta Delgada. Centro de estudos de economia solidária do atlântico, 2005, p. 13-15.

DELEUZE, G. Conversações. São Paulo: Ed. 34, 1992.

DELEUZE, G. Francis Bacon: la lógica de la sensación. Madrid: Arena Libros, 2002.

DELEUZE, G.; GUATTARI, F. Mil Platôs. Rio de Janeiro: Ed. 34 Letras, 1995.

DESCARTES, R. A discourse of a method for the well guiding of reason, and the discovery of truth in the sciences. London: Printed by Thomas Newcombe, 1649. Disponível em: http://gateway.proquest.com/openurl?ctx_ver=Z39.88-2003&res_id=xri:eebo&rft_val_fmt=&rft_id=xri:eebo:image:54569.

DESCARTES, R. Les principes de la philosophie. In: ADAM, C.; TANNERY, P. (Ed.). Oeuvres de Descartes. Paris: Tomo IX-2, 1971.

ELIAS, N.; SCOTSON, J. L. Os estabelecidos e os outsiders: sociologia das relações de poder a partir de uma pequena comunidade. Rio de Janeiro: Jorge Zahar Ed., 2000.

ENGELMAN, S. Trabalho e loucura: uma biopolítica dos afetos. Porto Alegre: Sulina; Editora da UFRGS, 2006.

FONSECA, T. M. G.; KIRST, P. G. Cartografias e devires: a construção do presente. Porto Alegre: Editora da UFRGS, 2003.

FERREIRA, J. M. C. Portugal no contexto da "transição para o socialismo": história de um equívoco. Blumenau: Editora da FURB, 1997.

FERREIRA, J. M. C. O papel do cooperativismo no desenvolvimento da economia social em Portugal. Verve, n. 2, p. 88-122, out 2002.

FERREIRA, J. M. C. Da impossibilidade de superar a actual crise do capitalismo. Utopia, n. 26, p. 7-16, jul/dez 2008.

FORRESTER, V. O horror econômico. São Paulo: Editora da Universidade Estadual Paulista, 1997.

FOUCAULT, M. La creación de modos de vidaEstética, ética y hermenéutica. Barcelona: Paidós, 1999.

FOUCAULT, M. Vigiar e punir: nascimento da prisão. Petrópolis: Vozes, 2005.

FRANÇA FILHO, G. C.; LAVILLE, J.-L. A Economia Solidária: uma abordagem internacional. Porto Alegre: Editora da UFRGS, 2004.

FREIRE, P. Pedagogia do oprimido. Rio de Janeiro: Paz e Terra, 2002.

FREIRE, R. A farsa ecológica. Rio de Janeiro: Guanabara Koogan, 1992.

GAIGER, L. I. A economia solidária no Brasil e o sentido das novas formas de produção não capitalistas. CAYAPA - Revista Venezolana de Economía Social, n. 8, p. 9-37, dez 2004.

GALVÃO, A. P. et al. (Eds.) Capitalismo cognitivo: trabalho, redes e inovação. Rio de Janeiro: DP&A, 2003.

GIACOMEL, A. E. et al. Trabalho e contemporaneidade: o trabalho tornado vida. In: FONSECA, T. M. G.; KIRST, P. G. (Ed.). Cartografias e devires: a construção do presente. Porto Alegre: Editora da UFRGS, 2003, p. 137-148.

GOVERNO DOS AÇORES. Empresas e Economia Solidária dão emprego a 210 pessoas nos Açores. Portal do Governo dos Açores. Ponta Delgada, 29 de Setembro de 2005. Disponível em: http://edt-gra.azores.gov.pt/Portal. Acesso em: 18 out 2008.

GOVERNO DOS AÇORES. Intervenção do presidente do Governo na abertura de uma mesa redonda sobre Pobreza e Exclusão. Portal do Governo dos Açores. Ponta Delgada, 16 de Outubro de 2007. Disponível em: http://edtgra.azores.gov.pt/Portal. Acesso em: 18 out 2008.

GUATTARI, F. As três ecologias. Campinas: Papirus, 1990.

GUATTARI, F.; ROLNIK, S. Micropolítica: cartografias do desejo. Petrópolis: Vozes, 2007.

GURGEL, C. A gerência do pensamento: gestão contemporânea e consciência neoliberal. São Paulo: Cortez, 2003.

HANDY, C. A era do paradoxo. São Paulo: Makron Books, 1995.

HARDT, M. O trabalho afetivo. In: PELBART, P. P.; COSTA, R. D. (Ed.). O Reencantamento do concreto. Cadernos de Subjetividade. São Paulo: Editora Hucitec, 2003, p. 143-157.

HOVEN, R. v. d. Social work and the third sector in Portugal. Disponível em: http://cms.euromodule.com/servlet/PB/-s/1xnv0101cbuuyh1kjgtnn9y9cijjlx9g4/show/1027649/po3rd_1.pdf. Acesso em 10 mai 2010. 2003.

KASTRUP, V. O funcionamento da atenção no trabalho do cartógrafo. In: PASSOS, E. et al (Ed.). Pistas do método da cartografia: pesquisa-intervenção e produção de subjetividade. Porto Alegre: Sulina, 2009, p. 32-51.

KIRST, P. G. Redes do olhar. In: FONSECA, T. M. G.; KIRST, P. G. (Ed.). Cartografias e devires: a construção do presente. Porto Alegre: Editora da UFRGS, 2003. p. 43-52.

KIRST, P. G. et al. Conhecimento e cartografia: tempestade de possíveis. In: FONSECA, T. M. G.; KIRST, P. G. (Ed.). Cartografias e devires: a construção do presente. Porto Alegre: Editora da UFRGS, 2003, p. 91-101.

KLEIN, N. The shock doctrine. The rise of disaster capitalism. London: Penguin Books, 2007.

KRAYCHETE, G. Economia solidária: conceitos e contexto. Seminário Internacional sobre Economia Solidária: desafios para um novo tempo. Salvador: Fundação Luis Eduardo Magalhães, 2002.

KRAYCHETE, G. Economia popular solidária: sustentabilidade e transformação social. 2006. Disponível em: http://www.capina.org.br. Acesso em: 10 mar 2010.

KRISTEVA, J. Sentido e contra-senso da revolta: poderes e limites da psicanálise. Rio de Janeiro: Rocco, 2000.

LAZZARATO, M.; NEGRI, A. Trabalho imaterial: formas de vida e produção da subjetividade. Rio de Janeiro: DP&A, 2001.

LAZZARATO, M. As revoluções do capitalismo. Rio de Janeiro: Civilização Brasileira, 2006.

LEITÃO, C. F. Cartografia de imagens de práticas solidárias. In: Anais do VIII Congresso Luso-Afro-Brasileiro de Ciências Sociais, Coimbra. Centro de Estudos Sociais, 2004.

LISBOA, A. D. M. Economia Solidária e autogestão: imprecisões e limites. Revista de Administração de Empresas – RAE, v. 45, n. 3, p. 109-115, jul/set 2005.

MAIRESSE, D. Cartografia: do método à arte de fazer pesquisa. In: FONSECA, T. M. G.; KIRST, P. G. (Ed.). Cartografias e devires: a construção do presente. Porto Alegre: Editora da UFRGS, 2003, p. 259-271.

MATURANA, H. R.; VERDEN-ZÖLLER, G. The origin of humanness in the biology of love. Exeter: Imprint Academic, 2008.

MOTTA, E. D. S. M. A "Outra Economia": um olhar etnográfico sobre a Economia Solidária. (2004). Dissertação de Mestrado (Mestrado em Antropologia Social) - Museu Nacional / PPGAS, Universidade Federal do Rio de Janeiro, Rio de Janeiro, 2004.

NAMORADO, R. A Economia Social - Uma constelação de esperanças. Oficina do CES, n. 213, 2004. Disponível em: http://www.ces.uc.pt/publicacoes/oficina/213/213.pdf. Acesso em: 27 ago 2005.

NAMORADO, R. Para uma economia solidária - a partir do caso português. Revista Crítica de Ciências Sociais, n. 84, 2009, p. 65-80.

NARDI, H. C. Ética, trabalho e subjetividade: trajetórias de vida no contexto das transformações do capitalismo contemporâneo. Porto Alegre: Editora da UFRGS, 2006.

NEGRI, A.; COCCO, G. GlobAL: biopoder e luta em uma América Latina globalizada. Rio de Janeiro: Record, 2005.

PASSOS, E. et al. Apresentação. In: PASSOS, E. et al (Ed.). Pistas do método da cartografia: pesquisa-intervenção e produção de subjetividade. Porto Alegre: Sulina, 2009, p. 7-16.

PELBART, P. P. Da função política do tédio e da alegria. In: FONSECA, T. M. G.; KIRST, P. G. (Ed.). Cartografias e devires: a construção do presente. Porto Alegre: Editora da UFRGS, 2003, p. 69-78.

PINTO, J. R. L. Economia Solidária: de volta à arte da associação. Porto Alegre: Editora da UFRGS, 2006.

PORTELA, J. A economia ou é solidária ou é fratricida. Revista Crítica de Ciências Sociais, n. 84, p. 115-152, 2009.

REPPOLD, C. R. et al. O trabalho como dispositivo de subjetivação, hierarquia e controle no poder judiciário: um estudo de caso. In: FONSECA, T. M. G.; FRANCISCO, D. J. (Ed.). Formas de ser e habitar a contemporaneidade. Porto Alegre: Editora da UFRGS, 2000, p. 129-136.

ROCHA, M. L. D.; AGUIAR, K. Pesquisa-intervenção e a produção de novas análises. Revista Psicologia Ciência e Profissão, n. 4, p. 64-73, 2003.

ROLNIK, S. Cartografia ou de como pensar com o corpo vibrátil. Núcleo de Estudos e Pesquisas da Subjetividade da PUC/SP, 1987.

ROLNIK, S. A dama de negro. Núcleo de Estudos e Pesquisas da Subjetividade da PUC/SP, 1993.

ROLNIK, S. Pensamento, corpo e devir. Uma perspectiva ético/estético/política no trabalho acadêmico. Cadernos de Subjetividade PUC/SP, v. 1, n. 2, p. 241-251, set 1993.

ROLNIK, S. Despachos no museu: sabe-se lá o que vai acontecer. In: FONSECA, T. M. G.; KIRST, P. G. (Eds.). Cartografias e devires: a construção do presente. Porto Alegre: Editora da UFRGS, 2003, p. 207-218.

ROLNIK, S. Cartografia sentimental: transformações contemporâneas do desejo. Porto Alegre: Sulina; Editora da UFRGS, 2006.

ROLNIK, S. Com o que você pensa? Núcleo de Estudos da Subjetividade, 2007.

SANTOS, B. D. S. (Ed.). Produzir para viver: os caminhos da produção não capitalista. Lisboa: Edições Afrontamento, 2003.

SANTOS, B. D. S.; RODRÍGUEZ, C. Introdução: para ampliar o cânone da produção. In: SANTOS, B. D. S. (Ed.). Produzir para viver: os caminhos da produção não capitalista. Lisboa: Edições Afrontamento, 2003. p. 21-66.

SCHWARTZ, Y. Le paradigme ergologique ou um métier de philosophe. Toulouse: Octanès Editions, 2000.

SEGURANÇA SOCIAL. IPSS/Iniciativas dos Particulares. 2008. Disponível em: http://195.245.197.202/left.asp?01.03. Acesso em: 19 mai 2009.

SENAES. O que é Economia Solidária, 11 jul 2009. Ministério do Trabalho e Emprego, 2009.

SINGER, P. Economia socialista. In: SINGER, P.; MACHADO, J. (Ed.). Economia socialista: socialismo em discussão. São Paulo: Fundação Perseu Abramo, 2000, p. 11-50.

SINGER, P. A recente ressurreição da economia solidária no Brasil. In: SANTOS, B. D. S. (Ed.). Produzir para viver: os caminhos da produção não capitalista. Lisboa: Edições Afrontamento, 2003. p. 71-107.

SINGER, P. Desenvolvimento capitalista e desenvolvimento solidário. Estudos Avançados, v. 18, n. 51, p. 7-22, mai/ago 2004.

SINGER, P. A economia solidária vista a partir dos países do sul: Economia solidária no Brasil. In: Actas do Congresso internacional de economia solidária, Ponta Delgada. Centro de Estudos de Economia Solidária do Atlântico, 2005. p. 131-139.

SINGER, P. Brasil: El papel del Estado y de la sociedad. America Latina en movimiento, n. 430, p. 20-22, mar 2008.

SOUSA, G. M. F. d. As IPSS's, seu lugar em Portugal. Lisboa: Instituto Superior de Ciências do Trabalho e da Empresa, 2009.

TAYLOR, F. W. Shop Management. New York: Harper & Brothers, 1911.

TENDLER, S. Encontro com Milton Santos ou O Mundo Global Visto do Lado de Cá, 2007.

TITTONI, J. Subjetivação e trabalho: reflexões sobre a Economia Solidária. In: VIII Congresso Luso-Afro Brasileiro de Ciências Sociais, setembro 2004, Coimbra. Centro de Estudos Sociais, 2004.

UBERTI, L. Estudos pós-estruturalistas: entre aporias e contra-sensos? Educação e Realidade, v. 31, n. 2, p. 95-116, jul/dez 2006.

USSEN. The U.S. Solidarity Economy Network (SEN), 13 nov 2008.

VALENTIM, I. V. L. Economia Popular e Solidária no Brasil: uma questão de confiança interpessoal. In: XXIX Encontro da Associação Nacional de Pós-graduação e Pesquisa em Administração, Brasília. ANPAD, 2005.

VALENTIM, I. V. L. Are we fighting a single enemy? Looking for alternatives to capitalism with garbage workers. In: TITTENBRUN, J. (Ed.). Capitalism or Capitalisms? Szczecin: MyBook, 2009, p. 183-201.

VALENTIM, I. V. L.. Economia Solidária nos Açores: um retrato de suas representações e construções midiáticas no Diário dos Açores. In: Anais do XI Congresso Ibero-Americano de Comunicação, 16-19 abril 2009, Funchal, 2009.

ZANETI, I. As sobras da modernidade. Porto Alegre, 2006.

ÍNDICE REMISSIVO

Academia 28, 59, 148, 151

acadêmicas 25, 73

acadêmico 25, 29, 60, 73, 145

acadêmicos 28, 58-60, 73, 82, 94, 143-145, 148-151

ação 30, 63, 73, 80, 85-86, 128

ACEESA 81

ACMDMR 25-26

Açores 31-32, 58, 68, 71, 73-76, 78-82, 85-86, 88-89, 91-93, 98, 109, 126, 148

acumulação 39, 43, 49-50

administração 21-25, 58, 61, 65, 83-84, 90, 140-142, 144

afetação 45, 47

afrontamentos 53

ajuda 53, 98, 107, 117, 120, 124-125, 131-132

alguidar 120, 127

alianças 29

almas 46, 50

alternativa 54, 122

ambição 23, 142

amor 41, 43, 45, 130, 132, 136

angústia 53

ansiedade 133

apoio 90, 92, 98, 102, 108-110, 143

assistência 127, 130, 135

associação 25, 57, 61, 72-73,

77,   81, 89, 94, 108

associativa   140

associativas   145

associativismo 23, 74, 79

atitude 106, 110, 137, 150

atitudes   23, 32, 43, 45, 152

aula   95, 119

autoempregos 149

autogestão   23-24, 27, 58, 61-62,
        66, 69, 74, 87, 94, 116, 140,
        143, 145-146, 151

autogestionária   142

autônoma   31, 58, 76, 84-85,
        108, 148

autonomia   54, 57, 83, 91, 116,
        122

bem-estar   36-37, 142

benefício   22, 141, 143

benefícios   37, 43, 64, 90-91

biscoito   110, 113, 117-118,
        124, 129

biscoitos   77-78, 80, 96, 99-100,
        103-105, 111-112, 115,
        117-119, 121, 127-130, 132,
        137

bolo   121, 131-132

bolos   80, 103-105, 110, 119, 121,
        128, 131-135

Brasil 24, 26, 57-61, 64-66, 72, 77,
        82, 96, 99, 121, 127, 132,
        143-144, 148-149

brasileira   42, 58-59, 67, 149

brasileiras   69, 77, 144

brasileiro   24, 26, 37, 47, 59, 63,
        66-67, 77, 84, 144

brasileiros   36

cafetinagem   50, 151

caixa   96, 121, 133

caixas 73, 121, 133, 135, 137

calor   128, 133-134

Câmara 84, 86, 102, 107-108,
        118, 122

câmaras   72

Canadá   26

Canárias   68, 86

cansaço   130, 134

capacitar   144-145

capitalismo   38-40, 42-47, 49-50,
52-53, 63-64, 66-67, 147, 151

capitalista   26, 32, 39, 42-43,
45-46, 48-54, 59, 61-67, 75,
83, 142-143, 145-146,
150-151

capitalistas   25, 43, 48, 54, 62-66,
81, 87, 140-141, 144, 147

captura 141, 146

caráter 23, 32, 66, 73, 82, 89, 92, 150

carência   90, 114-115, 148

carrilhos   99, 111, 115, 119

cartesiano   28

cartografia   27-31, 41, 49, 63, 66,
95

cartografias   28-29, 31, 35-36,
46-48, 140, 147, 152

cartográficas   32, 139

cartográfico   139

cartógrafo   27, 30-31

catadores   25, 61, 72-73

certificação   72, 89, 107

chefe   87-88

cidadania   35, 50

ciência 28, 30-31, 64, 139, 141-142,
151-152

científica   23, 28

científico   28, 39, 145-146, 152

colaboração   43

coletiva   23, 25, 27, 47, 67, 76,
80, 87, 94, 97, 136, 145

coletivamente   21, 25, 31, 59, 61, 89,
139, 142

coletivas   24, 44, 61-62, 69, 90,
136, 143, 148-149

coletivo   25, 40, 43, 47, 54, 69,
143

coletivos   25, 36, 43, 51, 146,
149

Colômbia   72

colonização   26

comercialização   46, 78

comoção   40

companheirismo   114

compartilhar   21, 33, 35, 76, 88, 91

competência   102

competências   65, 85, 92

competição   22-23, 39, 41, 43-45,
       51, 54, 65, 77, 140

conexões   27, 40, 47

confiança   42-43, 61, 108, 113-
       114, 120, 134, 136

confissão   103

confissões   29, 120, 134, 138

conhecimento   25, 28-30, 33, 49-50,
       76, 108-109, 113, 122, 125,
       139, 144, 146, 149, 151

conhecimentos   25, 140, 146

consolidação   25, 64, 140, 144

consumo   36, 38, 41, 45, 49-50,
       67, 74, 143

continental   73, 76

continente   73, 96, 99

convivência   30, 138

convivências   30, 139, 152

convívio   43, 112, 115-116, 136

cooperação   22-23, 44, 62, 67, 85,
90, 142

cooperativismo58, 63, 74, 79, 84

cotidiano   25, 29, 45, 49, 52, 64,
       66, 112, 114, 130, 136, 141,
       145

Cresaçor   68, 76-78, 81-82,
       84-86, 89, 93, 124-126, 149

crescimento   59, 85, 133

crise   38, 41, 108

crises   36, 41

culpa   52

culpabilização 51

cultura   45, 49, 65, 91, 146

decisão   92, 147

decisões   87, 91, 116

Decreto-Lei   90-91

deficiência   89, 106, 110, 142

deficiente   97, 102-104

deficientes 97-98, 102-106, 113

Deleuze 29, 39, 47-48, 152

democracia 59

democrática 61, 68, 91

dependência 65, 91, 143

dependências 131

desassossegos 21

desconfiança 88, 97, 100

desejo 28-31, 36, 41, 49, 52, 54, 62, 66, 81, 122, 142, 152

desejos 31, 45-46, 52-53, 141, 143, 152

desemprego 41, 43-44, 58-59, 67, 82, 148

desenvolvimento 25, 35-36, 38-39, 42-43, 53, 58-59, 64, 72, 85-86, 88, 91, 108, 144, 147

desespero 42

desigualdades 44, 67-68, 141

destruição 38, 44, 67

diagnóstico 92, 113

diferença 62, 72, 75, 83

diferenças 35-36, 44, 58, 83, 117, 142

dignidade 41, 43, 67, 140, 146

dinheiro 24, 27, 53, 86, 92, 99, 102, 104, 107-108, 117, 126, 130, 137

discurso 28, 44, 79, 83-84, 87

docente 89

doutoramento 76, 80, 97

economia 23-27, 32, 42, 47, 53, 57-69, 71, 73-82, 84-90, 92-95, 98-99, 109, 126, 140, 143-145, 147-152

Economia Solidária 23-27, 32, 47, 57-69, 71, 73-82, 84-90, 92-93, 95, 98-99, 126, 140, 144-145, 147-152

econômica 45, 49, 52-53, 61, 63, 76, 78, 115, 140, 151

econômicas 40, 57, 61, 108, 147

econômico   37, 39, 42, 59-60, 64,
        92, 148

econômicos   73-74

educação   60, 63, 90, 113,
        144-145, 152

efetuação   45, 53, 147

eficiência   85, 87, 141, 143-145

empreendedorismo   74, 81-82,
        85-87

empreendimento   61, 122

empreendimentos   27, 62, 66, 74,
        140, 143, 145

empregabilidade   68

emprego   22, 39, 42-44, 51, 53,
        59-60, 63, 71, 74, 82, 84-86,
        89, 92, 103, 126, 148-149

empregos   24, 52-53, 74, 81,
        83-85, 89, 141, 149

empresa   22, 45-46, 51, 65,
        83-84, 86, 91, 140, 150

empresas   22-23, 44, 48, 50-52,
        58, 60, 64-66, 71-72, 74, 77,
        81, 84-89, 92, 147-149

encontro   30, 37, 60-61, 66, 72,
        79, 110, 123, 126, 136

encontros   29-31, 48, 53, 66, 75,
        139

equilíbrio   41, 43

escola 24, 82, 97, 103, 106, 112

esquizofrenia   106

estatuto   90-92, 108, 111-112,
        114, 122, 124

estatutos   92, 108-109, 124, 143

estética   51

estéticas   41

estranhamentos   26, 142

estratégia   52

estratégias   48, 57, 67, 85, 126,
        140, 143, 146

estudos   24, 26, 29-31, 41, 47,
        59, 61, 63-64, 67-68, 71, 75,
        79, 81, 144-145, 149

expansão   37, 42, 46, 94, 141

experiência   47, 58, 60, 125, 140

experiências 21, 23, 27-28, 33,
47-48, 50, 63-64, 69, 72, 74,
77, 82, 87-88, 136, 139,
143-144, 147-148

experimentação 31

experimentações 21, 31, 139

experimentar 78, 104, 106

falácia 25, 39

família 24, 39, 90, 98, 105,
114, 121, 127, 130, 150

fé 99

formação 22, 60, 79, 83, 85, 87,
89-90, 135-136, 140, 142,
145

Foucault 44, 47

fracasso 43, 51

Freire 37, 144

ganância 45

generalização 31, 54

geopolítica 37, 50

geopolítico 35

gestão 22-25, 43-44, 47, 59,
61-62, 65, 68, 76, 81, 83,
86-87, 98, 107, 122,
124-125, 140-146

graduação 21-22, 24, 28, 61

Guattari 29, 37, 39, 43

HACCP 107-108

hegemonia 39

hegemônico 67

heterogestão 24, 125, 146, 148

heterogestionárias 77, 92

heterogestionário 74

hierarquia 29, 54

homogeneização 142

humanidade 38, 53-54, 59

igreja 63, 91, 96

igualdade 22, 25, 59, 61, 148

igualitárias 150

igualitário 152

igualitários 32

igualitarismo 23-24, 27, 61-62, 69,
94, 151

implanejável 24

imprevisível   27

incapacidade   38-39

individualismo   23, 39, 44-45, 54, 140

infância   48, 105

injustiça   116

injustiças   36, 59, 116

inovação   50, 63, 65

inserção   46, 57, 74, 79, 82-86, 89

inspiração   52

inspirações   32, 139, 152

instituição   22-23, 90, 95, 122, 130, 147

instituições   60, 74, 85, 88, 90, 92, 125, 143

interpessoais   27, 61, 94, 108, 146-147

intuição   29

invenção   26, 44, 46-47, 67, 93, 141-142, 146

investigação   27, 30, 32, 72, 75-76, 80, 86, 88, 93, 139, 151

investigações   26, 32, 73-74, 148, 150-151

invisíveis   93

invisível   46, 53

IPSS   74, 90-92, 122-126, 135

isomorfismo   87

justiça   22, 41, 145

justificativa   44

Kairós   80, 85

Lazzarato   44, 53, 67

liberdade   30, 50

Lisboa   26, 31, 35, 42-43, 61, 63, 66, 68, 72, 76-77, 91, 96, 99, 117, 121, 128, 143, 150

lucro   22, 24-25, 39, 46, 49, 53, 83, 86, 135, 140-141, 150

Macaronésia   68

mapeamento   60, 66, 87-89, 93-94, 125

maquínica   48

marcas   26, 29-30, 139

maximização   85, 141

Megasil   89, 94-119, 121-138,
        149-150, 153

mercantilização   39

mérito   110, 132

microempreendedores   69

microempreendedorismo   69

miséria   36-37, 39, 41, 67, 141

mobilização   23, 25, 27, 67, 76, 80,
        87, 94, 97, 136

mobilizações   148

motivação   62

motivações   64, 79

movimento   54, 60, 62, 64, 66, 69,
        76, 80, 85-86, 143, 149-150

movimentos   29-30, 48, 105, 112,
        139, 145, 148

mudança   24, 32, 76

mudanças   21, 32, 114, 137

multiplicidade 44, 53, 61, 64, 142

naturalização 44, 54, 141-142

necessidade   22, 44, 59, 67, 78,
        82, 86, 96-97, 108, 127, 130,

        141, 145

neutralidade   28, 30, 145, 151

normas   107-108, 142, 147

objetividade   28

objetivo   22, 24-25, 30, 50, 88-
        89, 92, 119, 139, 145

objetivos   25-27, 50, 52, 68, 75,
        83-86, 90, 140-141, 144,
        146, 148, 150

ONGs 32, 59, 69, 143, 148-149

opinião   89, 110, 121

oralidade   61, 147

participação   22, 61, 91, 116, 144

passividade   38

pensamento   29-30, 37, 43, 64, 152

percepção   45, 47, 52, 143

perspectiva   29-30, 68, 150

pertencimento 122, 147

pesquisa   21, 27, 29-32, 46, 61,
        64, 69, 74, 79, 99, 139, 144,
        150, 152

pesquisador   21, 28-31

pesquisadores 28, 60, 145, 151

planejamento 88, 124, 133

planeta 35-36, 38-39, 42, 147

pluralidade 61, 65

política 22-23, 29, 47, 53, 57, 60, 82, 109, 145, 150

políticas 23, 26, 49, 60, 72, 74-75, 79, 81, 88-89, 93, 141, 143, 149

político 23, 148, 150-151

Portugal 26-27, 32, 41, 58, 68-69, 71-76, 79, 81, 88, 91, 140, 148-149

potência 30, 46-47, 50, 146

potencialidades 26, 67, 69, 93, 141, 147, 151

prescrições 65, 143-144

produtividade 84, 141

professor 51, 68, 75, 79-80, 95

profissão 51, 64, 106, 148

progresso 37-38, 42

público 23, 80, 87, 135

racionalidade 41

realidade 22, 31, 37, 43, 59, 64, 143-145

reciclagem 72

recicláveis 25, 36, 72

reconhecimento 60, 67, 90, 121, 124-125, 135, 146, 149

recursos 22, 38, 43, 107, 114, 124

reflexão 58, 110

relações 23, 25-28, 36-38, 41, 43, 47, 49, 61-62, 66-67, 69, 74, 84, 93-94, 96, 108, 114-116, 136, 143, 145-148, 150

rendimento 111, 113-114, 123

rendimentos 23, 114, 136

reprodução 49-50, 74, 144, 150-151

resíduos 72

resistência 67, 146, 151-152

resistências 149

responsabilidade   33, 43, 81, 84-85, 114, 117

RMG   113-114, 130

Rolnik   29, 41, 46, 50, 53

ruptura   147

SENAES   59-60, 66

sensação   89, 128, 133, 138

sensações   29

sensibilidade   26, 29, 31, 36, 47, 50, 52, 93

sensibilidades   36, 152

sensível   45, 53

sentido   26, 28-29, 31, 35-36, 40-41, 43, 47, 49, 54, 60, 64-65, 67, 69, 74, 84-85, 93, 104, 139-140, 143, 147-148, 150-152

sentidos   26-27, 35, 40, 48-49, 51-52, 62, 64, 67, 74, 133-134, 146, 149, 151

Singer 58-59, 63-64, 66, 143, 149

solidariedade   22-24, 27, 43, 45, 59, 61-62, 69, 74, 82-83, 85, 90-91, 94, 130, 133, 144, 148, 150-151

subjetivação   29, 32, 41, 47-49, 54, 66-67, 141, 152

subjetividade   27, 29-31, 39, 41, 46-50, 53

subjetividades 44-45, 142, 146

subsídio   108, 114, 122

subsídios   135

subsistência   36, 90, 119

sucesso   43, 51, 66, 86, 92,

112, 135, 141

sustentabilidade 59-60, 69, 77, 83, 85, 140, 144-145

Taylor 141

tendinite 111-112

Tendler 37-38

tensão 62

teoria 40, 61

teorias 23, 25, 69, 144

trabalho 21-22, 25-33, 39, 41-44, 46-51, 53-54, 59-62, 64-67, 69, 74, 77, 79, 82-85, 90-92, 94, 97-98, 102, 104-107, 109, 111-116, 119-120, 122-123, 126-128, 130, 132-139, 141-143, 146, 148-150, 152

trajetória 58, 76, 79, 104, 136

transformação 29, 38, 44, 59-60, 140

transformações 29-32, 39, 41, 49, 66, 146-147

UAC 75, 78-82, 93

UFRGS 24-25, 28-31, 39, 41, 46-49, 54, 57, 62, 66, 72, 147

UFRJ 21-22

universidade 21-24, 26, 42, 63, 75-76, 79, 81

utilidade 69, 90

utilitária 22, 41

utilitarismo 23, 39

valor 24, 32, 44-45, 51, 54, 78, 92, 98, 105, 108, 117, 124, 127

vibrátil 29, 31

vir-a-ser 30

vivências 21, 24, 27, 31, 33, 35, 69, 76, 92, 136, 139, 149-150

voz 75, 103, 121

vozes 28, 33, 36, 42, 44, 65, 75, 87, 149, 152